反安装法拆除刚架拱桥及简支变连续箱梁桥施工

——烟台市长春湖大桥拆除改造工程实例

刘克军 李 涛 编著

人民交通出版社股份有限公司
China Communications Press Co.,Ltd.

内 容 提 要

本书以烟台市长春湖大桥拆除改造工程为例，通过对项目实施过程的总结，阐述了刚架拱桥的病害检测、深水中钢便桥及施工平台的架设、少支架反安装拆除刚架拱桥上部结构、桩基施工、箱梁预制安装及体系转换等内容。

本书可供从事桥梁设计、施工、养护工作的工程技术人员和管理人员参考。

图书在版编目(CIP)数据

反安装法拆除刚架拱桥及简支变连续箱梁桥施工 ：烟台市长春湖大桥拆除改造工程实例 / 刘克军，李涛编著. — 北京 ：人民交通出版社股份有限公司，2015.9

ISBN 978-7-114-12479-2

Ⅰ.①反… Ⅱ.①刘… ②李… Ⅲ.①刚架拱桥—拆除②简支梁—连续箱梁桥—桥梁施工 Ⅳ.①U445

中国版本图书馆CIP数据核字(2015)第206794号

书　　名：反安装法拆除刚架拱桥及简支变连续箱梁桥施工——烟台市长春湖大桥拆除改造工程实例
著 作 者：刘克军　李　涛
责任编辑：李　农　潘艳霞　李　沛
出版发行：人民交通出版社股份有限公司
地　　址：(100011)北京市朝阳区安定门外外馆斜街3号
网　　址：http://www.ccpress.com.cn
销售电话：(010) 59757973
总 经 销：人民交通出版社股份有限公司发行部
经　　销：各地新华书店
印　　刷：北京市密东印刷有限公司
开　　本：787×980　1/16
印　　张：8.5
字　　数：204千
版　　次：2015年9月　第1版
印　　次：2015年9月　第1次印刷
书　　号：ISBN 978-7-114-12479-2
定　　价：40.00元

本书编委会

主　　编：刘克军　李　涛

副 主 编：韩喜波　邢万东　郑　雷　王伯霖

编写人员：刘相龙　李湘军　高　健　林勇臣

林祥领　李玉强　董　晓

主编单位：烟台市公路管理局

参编单位：山东格瑞特公路工程有限公司

前　言

烟台市长春湖大桥原桥为4孔45m刚架拱桥，由于设计标准不满足后期通行荷载的要求，造成刚架拱桥出现桥面沉陷、弦杆断裂、横隔板脱落等多处病害。考虑到通行安全和地方经济发展需要，对该桥实施了拆除重建，重建桥梁形式为12孔30m先简支后连续预应力混凝土小箱梁。该工程于2013年底完工。经过一年多的运行，桥梁技术状况良好。

本书以长春湖大桥拆除改造工程为例，通过对项目实施过程的总结，阐述了刚架拱桥的病害检测、深水中钢便桥及施工平台的架设、少支架反安装法拆除刚架拱桥上部结构、桩基施工、箱梁预制安装及体系转换等内容。希望本书能起到抛砖引玉的作用，能给同行们带来一点思路，供同行们参考。

在本书的编写过程中，长春湖大桥的施工单位——山东格瑞特公路工程有限公司给予了大力协助，在此表示衷心的感谢。

作者

2015年7月

目　录

第1章 工 程 简 介

1.1 原桥状况

S209(省道烟台—青岛线)长春湖大桥南北方向跨越烟台市栖霞长春湖(原庵里水库)郝家楼流域入湖口,原桥为 4×45m 刚架拱桥,桥梁全长 202.29m,宽 18m(净宽 17m),桥面横坡度 1.5%,设计荷载标准为汽车—20 级,挂车—100;下部构造为钻孔灌注桩基础接承台式桥墩,桥台采用组合式桥台,0 号台为钻孔灌注桩基础,4 号桥台为扩大基础。桥梁于 1995 年 5 月开工建设,1996 年底竣工通车。长春湖大桥地理位置见图 1-1,原桥侧面见图 1-2。

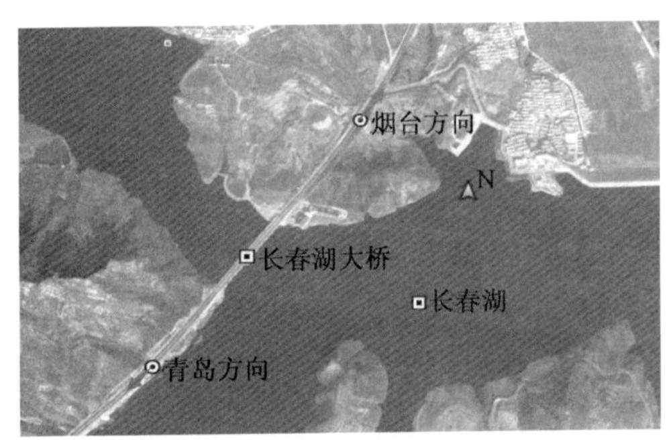

图 1-1 地理位置

图 1-2 原桥侧面

2011 年 6 月初,在桥梁日常巡检时发现桥面出现纵向裂缝,并有局部沉陷等病害。为保证行车安全,公路部门立即在沉陷部位摆放警示标志,限制交通,并委托专业桥梁检测机构进行检测评定。经检测发现,3 号孔 3 号拱肋外弦杆负弯矩处断裂,其余拱肋上弦杆、实腹段多处出现裂缝,微弯板底纵向开裂,拱波变形,已不能满足日益增长的重型交通安全通行要求,需进行改造。

1.2 新桥简介

为满足地方经济发展需求,改建后的长春湖大桥上部结构采用 12×30m 先简支后连续预应力混凝土小箱梁;桥梁全长 371.75m,宽 24m,桥面横坡度 2%,设计荷载标准为公路—Ⅰ级。下部结构，桥墩采用柱式墩，钻孔灌注桩基础；0号桥台采用肋板台，钻孔灌注桩基础；12号桥台采用U形桥台，扩大基础。

上部结构，横向单幅布置4片箱梁，梁高1.6m，由腹板高差形成箱梁顶面横向坡度，箱梁底横向水平放置。边箱梁顶板宽度2.85m，中箱梁顶宽2.4m，湿接缝宽0.417m，箱梁内顶板、底板、腹板及边板翼缘板外端厚度均为18cm，根部加厚至25cm。

下部结构采用圆柱式墩配矩形盖梁。单幅设置2根直径1.6m圆柱墩，墩中心间距5.9m；盖梁采用矩形梁，长×高×宽为11.625m×1.6m×1.8m。桩基直径1.8m，按嵌岩桩设计。墩桩结合处设宽×高为1.5m×1.2m的横向连接系梁。

0号桥台采用肋板埋置式桥台配承台桩基础。台帽长×高×宽为12.24m×1.3m×1.6m，肋板宽1.0m，两肋间距为6.9m，两侧耳墙长3.75m。承台平面尺寸9.4m×6.5m，厚度2m。基础采用直径1.5m钻孔灌注桩，每幅4根，按嵌岩桩设计。

12号桥台采用U形重力式台配扩大基础。台帽厚60cm，前墙及侧墙背坡度均为3∶1，基础采用2层75cm厚片石混凝土。

1.3 自然条件

1.3.1 工程地质特征

桥址南岸基岩裸露，岸边岩壁陡立；北岸为渐向河谷低平的坡地，有少量植被。根据地质资料，桥址区基底岩石为新元古代蓬莱群豹山口组，主要岩性为石英岩、板岩等，风化程度较弱，风化层厚度一般仅3～5m。据实地踏勘测量，桥址南岸石英岩走向NW40°，倾角40°～50°，北岸石英岩走向NE30°，倾角60°～70°。桥址附近发育4条构造带，属压扭性断层带NE30°～40°，均为不活动断层，故桥址选在相对稳定的地块上。

根据地勘结果，桥址处静水下地层共分4层，分别为：

(1)淤泥质粉土；

(2)粗砂及软砾石；

(3)中风化长石石英岩；

(4)微风化长石石英岩。

1.3.2 工程水文特征

根据烟台市水文分站资料，水文情况如下：

(1)水库水位深度：水库水位较深，桥位处水深在10m左右，河床平稳；

(2)水库设计水位：常水位120.39m，溢洪水位122.98m。

1.4 主要技术指标

(1)公路等级:一级公路。

(2)桥梁宽度:24m(0.5m护栏+10.75m净宽+0.5m护栏+0.5m中央分隔+0.5m护栏+10.75m净宽+0.5m护栏)。

(3)设计荷载:公路—Ⅰ级。

(4)设计洪水频率:1/100。

(5)设计地震烈度:本区地震动峰值加速度为0.10g,地震基本设防烈度为Ⅶ度。新桥如图1-3所示。

图1-3 新桥侧面

第2章　原桥质量检测及评价报告

2.1　桥梁概况

长春湖大桥位于S209（省道烟台—青岛线）烟台市栖霞境内，中心桩号为K57＋806，桥梁全长202.29m，桥面宽度组合为2×0.5m＋17m。桥梁上部构造为4孔净跨径45m的钢筋混凝土刚架拱桥，横向布置6片主拱片，拱片藉以横系梁、微弯板及现浇混凝土桥面铺装连成整体；下部构造为钻孔灌注桩基础接承台式桥墩，桥台采用组合式桥台，0号台为钻孔灌注桩基础，4号桥台为扩大基础。桥面设1.5％的双向横坡。

图2-1　桥面设置临时限制交通设施

技术标准如下：

公路等级：二级汽车专用公路；

荷载等级：汽车—20级，挂车—100；

设计速度：120km/h；

桥宽组合：0.5m（护栏）＋净17m（行车道）＋0.5m（护栏）；

桥面横坡度：1.5％。

桥面设置临时限制交通设施，如图2-1所示。

2.2　检测目的

（1）通过一般检查，查明桥梁结构各个组成构件的损坏部位、范围和严重程度以及发展趋势，对该桥技术状况进行评价。

（2）通过详细检查和特殊检查，判定桥梁结构损伤的原因及发展趋势，弄清潜在缺陷的严重性并分析其可能给结构带来的危险，对该桥的技术状况和材料质量状况做出切合实际的评价。

（3）通过全面质量检测，依据检测评价分析的结果对桥梁结构做出综合评价。

2.3 检测依据

(1)《公路工程质量检验评定标准　第一册　土建工程》(JTG F80/1—2004);
(2)《公路钢筋混凝土及预应力混凝土桥涵设计规范》(JTG D62—2004);
(3)《公路桥涵养护规范》(JTG H11—2004);
(4)《超声回弹综合法检测混凝土强度技术规程》(CECS 02:2005);
(5)《超声法检测混凝土缺陷技术规程》(CECS 21:2000);
(6)《公路桥梁承载能力检测评定规程》(送审稿);
(7)《工程测量规范》(GB 50026—2007);
(8)《庵里水库大桥竣工图纸》(烟台市公路勘察设计院)。

2.4 检测结果

2.4.1 结构历史与现状调查结果

(1)该桥于1996年竣工通车。设计单位为烟台市公路勘察设计院。
(2)该桥修建时伸缩装置为橡胶板伸缩缝,后改为毛勒伸缩缝。

2.4.2 一般检查结果

2.4.2.1 桥面铺装

桥面铺装普遍存在纵横向开裂,纵向裂缝多集中于拱肋位置及微弯板跨中位置,横向开裂主要出现在墩顶两侧4m范围内,并伴随有渗水侵蚀拱肋。2号孔左侧桥面铺装出现一处网裂,修补后继续发展,并有凹陷现象,最大深度达2cm,面积$S=3.5\times1.6m^2$;3号孔桥面铺装在低桩号端右侧行车道位置出现混凝土开裂破碎、下陷现象,与相邻铺装相对高差达6cm,面积$S=4.5\times3.6m^2$;0号、4号桥台腹孔桥面铺装多条纵向裂缝,与桥下板间铰缝勾缝砂浆脱落位置相对应。典型病害如图2-2、图2-3和图2-4所示,详细检查情况见表2-1。

桥面铺装检查结果汇总表　　表2-1

序号	孔号	病害种类	病害描述
1	0号台腹孔	纵向裂缝	右侧行车道距右侧护栏2.7m处铺装出现1条纵向贯通裂缝
2		纵向裂缝	右侧行车道距中线位置2.9m处铺装出现1条纵向贯通裂缝
3		纵向裂缝	左侧行车道距中线位置2.1m处铺装出现1条纵向贯通裂缝
4		纵向裂缝	左侧行车道距左侧护栏3.1m处铺装出现1条纵向贯通裂缝

续上表

序号	孔号	病害种类	病害描述
5	1号孔	纵向裂缝	右侧行车道距右侧护栏3.2m处、距1号腹孔墩顶2.3m处铺装出现1条纵向裂缝，长3.2m
6		横向裂缝	距1号墩顶2.3m处桥面1条横向贯通裂缝
7		混凝土碎裂	跨中区段1处混凝土碎裂、缺失，$S=2\times0.2(m^2)$
8		纵向裂缝	左侧行车道距中线位置1.2m处铺装出现1条纵向贯通裂缝
9		纵向裂缝	左侧行车道距左侧护栏4m处、自低桩号端起铺装出现1条纵向裂缝，长2.2m
10		纵向裂缝	左侧行车道距左侧护栏3.5m处、自跨中起铺装出现1条纵向裂缝，长10.2m
11		混凝土碎裂	1号墩顶中线位置1处混凝土碎裂、缺失，$S=2.5\times0.7(m^2)$
12	2号孔	横向裂缝	距1号墩顶3.8m处桥面1条横向贯通裂缝
13		纵向裂缝	右侧行车道距中线位置4.5m、距1号墩顶10m处铺装出现1条纵向裂缝，长37.5m
14		纵向裂缝	右侧行车道距中线位置1.7m、距1号墩顶17m处铺装出现1条纵向裂缝，长30.5m
15		凹陷、碎裂	左侧行车道距中线位置2.3m、跨中区段铺装出现1处混凝土凹陷、碎裂，$S=3.5\times1.6(m^2)$
16		粗骨料外露	左侧行车道低桩号侧1处粗骨料外露，$S=4.2\times35(m^2)$
17		纵向裂缝	左侧行车道距中线位置2m、距1号墩顶6m处铺装出现1条纵向裂缝，长39m
18	3号孔	凹陷、碎裂	右侧行车道自2号墩顶起存在1处混凝土凹陷、碎裂，$S=4.5\times3.6(m^2)$
19		横向裂缝	距2号墩顶2.9m处桥面1条横向贯通裂缝
20		横向裂缝	右侧行车道距2号墩顶3.1m处桥面1条横向贯通裂缝
21		纵向裂缝	左侧行车道距中线4.2m处、距2号墩顶17.5m铺装出现1条纵向裂缝，长30m
22		横向裂缝	距3号墩顶2.4m处桥面1条横向贯通裂缝
23		粗骨料外露	左侧行车道高桩号侧1处粗骨料外露，$S=4.2\times30(m^2)$
24		网裂	左侧行车道跨中区段左侧1处铺装网裂，$S=1.5\times2(m^2)$
25	4号孔	凹陷	右侧行车道低桩号侧中线位置1处铺装凹陷，$S=4\times0.15(m^2)$
26		横向裂缝	距3号墩顶3.8m处桥面1条横向贯通裂缝
27		横向裂缝	距3号墩顶6.4m处桥面1条横向贯通裂缝
28		横向裂缝	距3号墩顶11.4m处桥面1条横向贯通裂缝
29		纵向裂缝	右侧行车道距中线1.8m铺装存在1条纵向贯通裂缝
30		坑槽	左侧行车道距左侧护栏3.4m，距4号墩顶5.2m处桥面坑槽，$S=4.1\times0.85(m^2)$
31	4号台腹孔	纵向裂缝	右侧行车道距右侧护栏1.6m处铺装存在1条纵向贯通裂缝
32		纵向裂缝	右侧行车道距右侧护栏3.6m处铺装存在1条纵向贯通裂缝
33		坑槽	右侧行车道自4号墩顶起1处纵向坑槽，$S=2.51\times1.9(m^2)$
34		纵向裂缝	左侧行车道距中线位置2.9m，自4号墩顶起铺装存在1条纵向裂缝，缝长3.8m

图 2-2 桥面铺装网裂

图 2-3 桥面铺装纵向开裂

图 2-4 桥面铺装破碎、下陷

结论：桥面铺装评定标度为 4，处于差的状态。

2.4.2.2 桥头与路堤连接部

经检查发现，0 号台桥头与路堤连接处铺装混凝土磨耗严重，粗骨料外露，桥头轻微跳车。

结论：桥头与路堤连接部评定标度为 3，处于较差状态。

2.4.2.3 伸缩装置

该桥采用毛勒伸缩装置，全桥共设置 6 道。经检查发现，3 号伸缩缝（2 号墩顶）高桩号侧型钢及锚固混凝土在右侧行车道位置断裂下沉，与原桥顶面错位存在 6cm 高差；5 号伸缩缝两处橡胶条老化、开裂。典型病害如图 2-5、图 2-6 所示，详细检查情况见表 2-2。

伸缩缝检查结果汇总表 表 2-2

序号	位 置	病 害 种 类	病 害 描 述
1	0 号伸缩缝	存在高差，桥头跳车	伸缩缝锚固混凝土与路面存在 1.2cm 高差，桥头跳车
2	1 号伸缩缝	存在高差，桥面跳车、橡胶条脱落	伸缩缝锚固混凝土与桥面存在 0.8cm 高差，桥面跳车；距右侧 3.7m 处伸缩缝橡胶条脱落 0.65m、中线位置脱落 0.15m

续上表

序号	位　置	病 害 种 类	病 害 描 述
3	2 号伸缩缝	存在高差,桥面跳车	伸缩缝锚固混凝土与桥面存在 1cm 高差,桥面跳车
4	3 号伸缩缝	存在高差,桥面跳车	伸缩缝锚固混凝土断裂,与铺装顶面存在 6cm 高差,桥面跳车
5	4 号伸缩缝	存在高差,桥头跳车	伸缩缝锚固混凝土与桥面存在 1.5cm 高差,桥头跳车

图 2-5　伸缩缝型钢及锚固混凝土断裂

图 2-6　伸缩缝橡胶条老化、开裂

结论:伸缩缝评定标度为 4,处于差的状态。

2.4.2.4　护栏

经检查发现,3 号孔左侧护栏曾因车辆撞击导致微弯外悬板缺失,采用垫钢板方法恢复缺失护栏。病害如图 2-7 所示。

结论:护栏评定标度为 2,处于较好状态。

2.4.2.5　排水设施

全桥泄水管排水顺畅。

结论:排水设施评定标度为 1,处于良好状态。

图 2-7　护栏混凝土修复

2.4.2.6　标志、标线

混凝土铺装的标线老化、模糊。病害如图 2-8 所示。

结论:标志、标线评定标度为 3,处于较差状态。

2.4.2.7　支座

桥梁支座采用板式橡胶支座,检查中发现,3 号孔 3 号拱肋低桩号侧外弦杆支座缺失,相应位置混凝土破碎,其余支座有轻微变形。病害如图 2-9 所示。

图 2-8　标线老化、模糊

图 2-9　支座缺失

结论：支座评定标度为3，处于较差状态。

2.4.2.8　上部主要承重构件

(1)斜撑：经检查发现，长春湖大桥斜撑及湿接头整体质量状况较好，未发现明显病害。

(2)拱腿：全桥拱腿整体质量较差，3 号孔 4 号拱肋低桩号侧拱腿两侧距盖梁 1.8m 范围内出现多条对称分布的竖向裂缝，间距为 25cm 左右，长度为 25～50cm 不等；3 号孔 4 号拱肋高桩号侧拱腿在距盖梁 1.5m 范围内出现混凝土胀裂、局部露筋锈蚀现象。典型病害如图 2-10 所示。

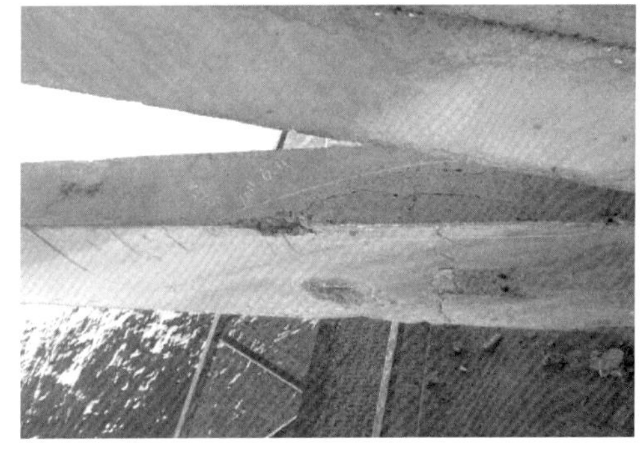

图 2-10　拱腿混凝土胀裂，露筋锈蚀

(3)弦杆。

①外弦杆

3 号孔 3 号拱肋低桩号侧外弦杆距支点 1.2m 处出现 1 道竖向开裂，缝长 60cm，宽度 0.20mm；距次节点 2m 处出现 1 道自上而下的斜向开裂，缝长 85cm，宽度 2.5mm，已超出养护规范限值；3 号孔 2 号拱肋低桩号侧外弦杆在距支点 55～150cm 范围内出现 3 条斜向剪切裂缝，缝长在 30～60cm 之间，缝宽在 0.15～0.40mm 之间。典型病害如图 2-11、

图 2-12 所示。

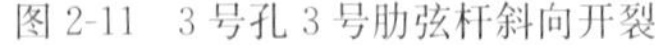

图 2-11　3 号孔 3 号肋弦杆斜向开裂

图 2-12　3 号孔 3 号肋弦杆支点斜向裂缝

②内弦杆

裂缝在构件两侧面呈对称分布，主要集中于杆件跨中及主节点一端，少数裂缝已发展贯通弦杆截面，裂缝间距在 15～35cm 之间，宽度在 0.08～0.20mm 之间。其中，2 号孔 3 号拱肋 $L/2$～L 区段弦杆跨中区域 1 条对称斜向裂缝，最大缝宽达 0.35mm，已超出规范限值。典型病害如图 2-13 所示，详细检查情况见表 2-3。

图 2-13　内弦杆两侧多条对称裂缝

弦杆检查结果汇总表　　表 2-3

序号	孔号	位　置	病害种类	病 害 描 述
1	1 号孔	1 号肋 0～$L/2$ 区段右侧	斜向裂缝	距现浇段 0.8m、1.1m、1.5m、1.7m 处存在 4 条斜向裂缝，缝长在 35～55cm 之间，缝宽在 0.06～0.12mm 之间
2		1 号肋 0～$L/2$ 区段左侧	斜向裂缝	距现浇段 0.8m、1.1m、1.5m、1.7m 处存在 4 条斜向裂缝，缝长在 35～55cm 之间，缝宽在 0.06～0.12mm 之间
3		2 号肋 0～$L/2$ 区段右侧	斜向裂缝	距低桩号侧 0.6m、1.0m 处存在两条斜向裂缝，缝长在 35～50cm 之间，缝宽在 0.06～0.12mm 之间

续上表

序号	孔号	位 置	病害种类	病 害 描 述
4	1号孔	2号肋 0～$L/2$ 区段左侧	斜向裂缝	距低桩号侧 1.0m 处存在 1 条斜向裂缝，缝长 35cm，缝宽 0.12mm
5		2号肋 $L/2$～L 区段右侧	斜向裂缝	距低桩号侧 0.8m、1.4m 处存在两条斜向裂缝，缝长在 35～50cm 之间，缝宽在 0.06～0.12mm 之间
6		3号肋 0～$L/2$ 区段左侧	斜向裂缝	距低桩号侧 0.6m、1.0m、1.3m 处各存在 1 条斜向裂缝，缝长在 30～50cm 之间，缝宽在 0.05～0.12mm 之间
7		4号肋 0～$L/2$ 区段右侧	斜向裂缝	距现浇段 0.6m、1.0m、1.3m、1.5m 处存在 4 条斜向裂缝，缝长在 30～60cm 之间，缝宽在 0.06～0.12mm 之间
8		5号肋 0～$L/2$ 区段右侧	斜向裂缝	距现浇段 0.8m、1.3m、1.5m 处存在 3 条斜向裂缝，缝长在 30～60cm 之间，缝宽在 0.06～0.12mm 之间
9		6号肋 0～$L/2$ 区段右侧	斜向裂缝	距现浇段 1.3m、1.7m 处存在 2 条斜向裂缝，缝长在 30～60cm 之间，缝宽在 0.06～0.12mm 之间
10		1号肋 $L/2$～L 区段左侧	斜向裂缝	距现浇段 0.7m、1.5m、1.9m 处存在 3 条斜向裂缝，缝长在 30～60cm 之间，缝宽在 0.06～0.12mm 之间
11		3号肋 $L/2$～L 区段左侧	斜向裂缝	距 3 号横隔板 90cm 处存在 1 条斜向裂缝，缝长 45cm，缝宽 0.12mm
12	2号孔	3号肋 $L/2$～L 区段左侧	斜向裂缝	距现浇段 1.2m、1.4m、1.65m、1.87m 处存在 4 条斜向裂缝，缝长在 40～45cm之间，最大缝宽 0.35mm
13		3号肋 $L/2$～L 区段右侧	斜向裂缝	距现浇段 1.2m、1.4m、1.65m、1.87m 处存在 4 条斜向裂缝，缝长在 40～45cm之间，最大缝宽 0.35mm
14		4号肋 $L/2$～L 区段右侧	斜向裂缝	距现浇段 0.6m、1.2m、1.7m、1.87m 处存在 4 条斜向裂缝，缝长在 30～45cm之间，缝宽在 0.06～0.10mm 之间
15	3号孔	1号肋 0～$L/2$ 区段左侧	斜向裂缝	距 3 号横隔板 130cm 处存在 1 条竖向裂缝，缝长 45cm，缝宽 0.07mm
16		1号肋 0～$L/2$ 区段左侧	斜向裂缝	距 4 号横隔板 80cm 处存在 1 条竖向裂缝，缝长 60cm，缝宽 0.09mm
17		1号肋 0～$L/2$ 区段右侧	斜向裂缝	距现浇段 30cm 处存在 1 条斜向贯通裂缝，缝宽 0.09mm
18		2号肋 0～$L/2$ 区段右侧	水浸、碱集料反应	3、4 号横隔板之间多处水浸、碱集料反应
19		4号肋 0～$L/2$ 区段右侧	斜向裂缝	距 1 号横隔板 30cm、56cm、95cm 处存在 3 条斜向裂缝，缝长在 30～60cm 之间，最大缝宽 0.45mm
20		1号肋 $L/2$～L 区段左侧	斜向裂缝	距 3 号横隔板 130cm 处存在 1 条竖向裂缝，缝长 45cm，缝宽 0.07mm
21		4号肋 $L/2$～L 区段左侧	斜向裂缝	距 1 号横隔板 30cm、56cm、95cm 处存在 3 条斜向裂缝，缝长在 30～60cm 之间，最大缝宽 0.45mm

续上表

序号	孔号	位 置	病害种类	病 害 描 述
22	4 号孔	1 号肋 0～$L/2$ 区段左侧	斜向裂缝	距 3 号横隔板 75cm、84cm、130cm 处存在 3 条竖向裂缝，缝长在 30～60cm 之间，缝宽 0.06～0.13mm 之间
23		1 号肋 0～$L/2$ 区段右侧	斜向裂缝	距现浇段 50cm、70cm、85cm 处存在 3 条斜向裂缝，缝长在 20～60cm 之间，缝宽在 0.07～0.12mm 之间
24		3 号肋 0～$L/2$ 区段右侧	斜向裂缝	距现浇段 20cm 处存在 3 条斜向裂缝，缝长在 20～60cm 之间，缝宽在 0.07～0.12mm 之间

(4)实腹段。

检查发现，拱肋实腹段裂缝主要集中于跨中 3m 范围内，在拱肋两侧面呈对称分布，间距 15～35cm，缝长在 25～60cm 之间，宽度在 0.04～0.12mm 之间；实腹段跨中钢板连接处混凝土胀裂脱落、钢板外露锈蚀较为严重，且 60％钢板存在开焊现象。典型病害如图 2-14、图 2-15 所示，详细检查情况见表 2-4。

图 2-14　实腹段裂缝集中于跨中部位

图 2-15　实腹段连接钢板外露锈蚀、开焊

拱肋实腹段检查结果汇总表 表 2-4

序号	孔号	位置	病害种类	病害描述
1	1号孔	1号肋 0～$L/2$ 区段右侧面	竖向裂缝	自 $L/2$ 起 2.9m 范围内 7 条竖向裂缝，缝长在 25～60cm 之间，缝宽在 0.05～0.12mm 之间
2		1号肋 0～$L/2$ 区段左侧面	竖向裂缝	距 7 号横系梁 48cm、120cm 处 2 条竖向裂缝，缝长分别为 40cm、47cm，缝宽分别为 0.12mm、0.14mm
3		1号肋 $L/2$～L 区段右侧面	竖向裂缝	自 $L/2$ 起 2.9m 范围内 7 条竖向裂缝，缝长在 26～62cm 之间，缝宽在 0.05～0.12mm 之间
4		1号肋 $L/2$～L 区段左侧面	竖向裂缝	自 $L/2$ 起 3m 范围内 8 条竖向裂缝，缝长在 40～72cm 之间，缝宽在 0.06～0.12mm 之间
5		2号肋 0～$L/2$ 区段右侧面	竖向裂缝	自 $L/2$ 起 2.5m 范围内 4 条竖向裂缝，缝长在 47～52cm 之间，缝宽在 0.06～0.12mm 之间
6		2号肋 0～$L/2$ 区段左侧面	竖向裂缝	自 $L/2$ 起 3.5m 范围内 9 条竖向裂缝，缝长在 37～60cm 之间，缝宽在 0.05～0.14mm 之间
7		2号肋 $L/2$～L 区段右侧面	竖向裂缝	自 $L/2$ 起 3.3m 范围内 7 条竖向裂缝，缝长在 42～74cm 之间，缝宽在 0.06～0.11mm 之间
8		2号肋 $L/2$～L 区段左侧面	竖向裂缝	自 $L/2$ 起 3.6m 范围内 9 条竖向裂缝，缝长在 49～60cm 之间，缝宽在 0.06～0.12mm 之间
9		3号肋 0～$L/2$ 区段右侧面	竖向裂缝	自 $L/2$ 起 4.1m 范围内 15 条竖向裂缝，缝长在 37～60m 之间，缝宽在 0.06～0.12mm 之间
10		3号肋 0～$L/2$ 区段左侧面	竖向裂缝	自 $L/2$ 起 2.5m 范围内 9 条竖向裂缝，缝长在 41～50cm 之间，缝宽在 0.05～0.14mm 之间
11		3号肋 $L/2$～L 区段右侧面	竖向裂缝	自 $L/2$ 起 3.5m 范围内 11 条竖向裂缝，缝长在 42～59cm 之间，缝宽在 0.08～0.14mm 之间
12		3号肋 $L/2$～L 区段左侧面	竖向裂缝	自 $L/2$ 起 3.6m 范围内 11 条竖向裂缝，缝长在 42～57cm 之间，缝宽在 0.06～0.12mm 之间
13		4号肋 0～$L/2$ 区段右侧面	竖向裂缝	自 $L/2$ 起 3.1m 范围内 8 条竖向裂缝，缝长在 26～48cm 之间，缝宽在 0.06～0.12mm 之间
14		4号肋 0～$L/2$ 区段左侧面	竖向裂缝	自 $L/2$ 起 3.5m 范围内 6 条竖向裂缝，缝长在 26～45cm 之间，缝宽在 0.05～0.14mm 之间
15		4号肋 $L/2$～L 区段右侧面	竖向裂缝	自 $L/2$ 起 4.5m 范围内 8 条竖向裂缝，缝长在 20～59cm 之间，缝宽在 0.06～0.14mm 之间
16		4号肋 $L/2$～L 区段左侧面	竖向裂缝	自 $L/2$ 起 2.6m 范围内 8 条竖向裂缝，缝长在 28～40cm 之间，缝宽在 0.06～0.12mm 之间
17		5号肋 $L/2$～L 区段右侧面	露筋锈蚀	9 号横系梁下部一处露筋锈蚀，$S=46\times16(cm^2)$

续上表

序号	孔号	位置	病害种类	病害描述
18	2号孔	1号肋0～L/2区段右侧面	竖向裂缝	自L/2起2.9m范围内3条竖向裂缝,缝长在45～70cm之间,缝宽在0.05～0.12mm之间
19		1号肋0～L/2区段左侧面	竖向裂缝	自L/2起3.5m范围内5条竖向裂缝,缝长在24～70cm之间,缝宽在0.05～0.12mm之间
20		1号肋L/2～L区段右侧面	竖向裂缝	自L/2起3.5m范围内12条竖向裂缝,缝长在35～73cm之间,缝宽在0.06～0.14mm之间
21		1号肋L/2～L区段左侧面	竖向裂缝	自L/2起3.6m范围内9条竖向裂缝,缝长在46～65cm之间,缝宽在0.06～0.12mm之间
22		2号肋0～L/2区段右侧面	竖向裂缝	自L/2起3.5m范围内11条竖向裂缝,缝长在25～87cm之间,缝宽在0.04～0.12mm之间
23		2号肋0～L/2区段左侧面	竖向裂缝	自L/2起3.5m范围内7条竖向裂缝,缝长在28～63cm之间,缝宽在0.04～0.14mm之间
24		2号肋L/2～L区段右侧面	竖向裂缝	自L/2起3.9m范围内13条竖向裂缝,缝长在42～90cm之间,缝宽在0.06～0.13mm之间
25		2号肋L/2～L区段左侧面	竖向裂缝	自L/2起3.6m范围内8条竖向裂缝,缝长在49～60cm之间,缝宽在0.06～0.12mm之间
26		3号肋0～L/2区段右侧面	竖向裂缝	自L/2起3.1m范围内6条竖向裂缝,缝长在43～58cm之间,缝宽在0.06～0.14mm之间
27		3号肋0～L/2区段左侧面	竖向裂缝	自L/2起3.5m范围内7条竖向裂缝,缝长在41～55cm之间,缝宽在0.04～0.12mm之间
28		3号肋L/2～L区段右侧面	竖向裂缝	自L/2起3.5m范围内10条竖向裂缝,缝长在35～54cm之间,缝宽在0.06～0.14mm之间
29		3号肋L/2～L区段左侧面	竖向裂缝	自L/2起3.6m范围内9条竖向裂缝,缝长在35～60cm之间,缝宽在0.06～0.12mm之间
30		4号肋0～L/2区段右侧面	竖向裂缝	自L/2起4.1m范围内11条竖向裂缝,缝长在20～56cm之间,缝宽在0.06～0.12mm之间
31		4号肋0～L/2区段左侧面	竖向裂缝	自L/2起3.5m范围内8条竖向裂缝,缝长在30～54cm之间,缝宽在0.05～0.14mm之间
32		4号肋L/2～L区段右侧面	竖向裂缝	自L/2起3.5m范围内6条竖向裂缝,缝长在31～63cm之间,缝宽在0.06～0.14mm之间
33		4号肋L/2～L区段左侧面	竖向裂缝	距9号横系梁60cm处1条竖向裂缝,缝长26cm,缝宽0.08mm
34		5号肋0～L/2区段右侧面	竖向裂缝	自L/2起3m范围内4条竖向裂缝,缝长在46～70cm之间,缝宽在0.06～0.14mm之间

续上表

序号	孔号	位　置	病害种类	病 害 描 述
35	3号孔	1号肋 0～L/2 区段右侧面	竖向裂缝	自 L/2 起 2.9m 范围内 3 条竖向裂缝，缝长在 55～70cm 之间，缝宽在 0.05～0.12mm 之间
36		1号肋 0～L/2 区段左侧面	竖向裂缝	自 L/2 起 3.5m 范围内 2 条竖向裂缝，缝长在 45～56cm 之间，缝宽在 0.06～0.12mm 之间
37		1号肋 L/2～L 区段右侧面	竖向裂缝	自 L/2 起 3.5m 范围内 4 条竖向裂缝，缝长在 40～55cm 之间，缝宽在 0.06～0.14mm 之间
38		1号肋 L/2～L 区段左侧面	竖向裂缝	自 L/2 起 3.6m 范围内 6 条竖向裂缝，缝长在 45～65cm 之间，缝宽在 0.06～0.12mm 之间
39		2号肋 0～L/2 区段右侧面	竖向裂缝	自 L/2 起 3.5m 范围内 6 条竖向裂缝，缝长在 38～55cm 之间，缝宽在 0.04～0.12mm 之间
40		2号肋 0～L/2 区段左侧面	竖向裂缝	自 L/2 起 3m 范围内 3 条竖向裂缝，缝长在 56～60cm 之间，缝宽在 0.04～0.14mm 之间
41		2号肋 L/2～L 区段右侧面	竖向裂缝	自 L/2 起 4.5m 范围内 11 条竖向裂缝，缝长在 50～65cm 之间，缝宽在 0.06～0.13mm 之间
42		2号肋 L/2～L 区段左侧面	竖向裂缝	自 L/2 起 4.6m 范围内 11 条竖向裂缝，缝长在 35～60cm 之间，缝宽在 0.05～0.12mm 之间
43		3号肋 0～L/2 区段右侧面	竖向裂缝	自 L/2 起 3.1m 范围内 10 条竖向裂缝，缝长在 39～65cm 之间，缝宽在 0.05～0.14mm 之间
44		3号肋 0～L/2 区段左侧面	竖向裂缝	自 L/2 起 2.7m 范围内 4 条竖向裂缝，缝长在 33～70cm 之间，缝宽在 0.04～0.12mm 之间
45		3号肋 L/2～L 区段右侧面	竖向裂缝	自 L/2 起 3.5m 范围内 10 条竖向裂缝，缝长在 35～54cm 之间，缝宽在 0.06～0.14mm 之间
46		3号肋 L/2～L 区段左侧面	竖向裂缝	自 L/2 起 3.6m 范围内 10 条竖向裂缝，缝长在 25～65cm 之间，缝宽在 0.06～0.12mm 之间
47		4号肋 0～L/2 区段右侧面	竖向裂缝	自 L/2 起 4.1m 范围内 11 条竖向裂缝，缝长在 30～56cm 之间，缝宽在 0.06～0.12mm 之间
48		4号肋 0～L/2 区段左侧面	竖向裂缝	自 L/2 起 3.5m 范围内 10 条竖向裂缝，缝长在 24～54cm 之间，缝宽在 0.06～0.14mm 之间
49		4号肋 L/2～L 区段右侧面	竖向裂缝	自 L/2 起 3.5m 范围内 9 条竖向裂缝，缝长在 30～54cm 之间，缝宽在 0.06～0.14mm 之间
50		4号肋 L/2～L 区段左侧面	竖向裂缝	自 L/2 起 3.5m 范围内 4 条竖向裂缝，缝长在 26～43cm 之间，缝宽在 0.06～0.12mm 之间
51		5号肋 0～L/2 区段右侧面	竖向裂缝	自 L/2 起 3.5m 范围内 6 条竖向裂缝，缝长在 40～51cm 之间，缝宽在 0.06～0.14mm 之间
52		5号肋 L/2～L 区段右侧面	竖向裂缝	自 L/2 起 3.5m 范围内 3 条竖向裂缝，缝长在 30～47cm 之间，缝宽在 0.06～0.14mm 之间

续上表

序号	孔号	位 置	病害种类	病 害 描 述
53	4号孔	1号肋0～L/2区段右侧面	竖向裂缝	自L/2起3.4m范围内12条竖向裂缝，缝长在30～67cm之间，缝宽在0.05～0.12mm之间
54		1号肋0～L/2区段左侧面	竖向裂缝	自L/2起3.5m范围内18条竖向裂缝，缝长在45～65cm之间，缝宽在0.06～0.12mm之间
55		1号肋L/2～L区段右侧面	竖向裂缝	自L/2起3.5m范围内14条竖向裂缝，缝长在40～67cm之间，缝宽在0.06～0.14mm之间
56		1号肋L/2～L区段左侧面	竖向裂缝	自L/2起3.6m范围内6条竖向裂缝，缝长在40～68cm之间，缝宽在0.06～0.12mm之间
57		2号肋0～L/2区段右侧面	竖向裂缝	自L/2起3.5m范围内5条竖向裂缝，缝长在10～40cm之间，缝宽在0.04～0.12mm之间
58		2号肋0～L/2区段左侧面	竖向裂缝	自L/2起3.3m范围内7条竖向裂缝，缝长在39～57cm之间，缝宽在0.06～0.14mm之间
59		2号肋L/2～L区段右侧面	竖向裂缝	自L/2起3.1m范围内4条竖向裂缝，缝长在40～80cm之间，缝宽在0.06～0.13mm之间
60		2号肋L/2～L区段左侧面	竖向裂缝	自L/2起4.6m范围内7条竖向裂缝，缝长在35～60cm之间，缝宽在0.05～0.12mm之间
61		3号肋0～L/2区段右侧面	竖向裂缝	自L/2起3.1m范围内10条竖向裂缝，缝长在25～54cm之间，缝宽在0.05～0.14mm之间
62		3号肋0～L/2区段左侧面	竖向裂缝	自L/2起3.3m范围内9条竖向裂缝，缝长在38～60cm之间，缝宽在0.04～0.12mm之间
63		3号肋L/2～L区段右侧面	竖向裂缝	自L/2起3.5m范围内9条竖向裂缝，缝长在40～110cm之间，缝宽在0.06～0.12mm之间
64		3号肋L/2～L区段左侧面	竖向裂缝	自L/2起3.6m范围内8条竖向裂缝，缝长在32～95cm之间，缝宽在0.06～0.12mm之间
65		4号肋0～L/2区段右侧面	竖向裂缝	自L/2起4.1m范围内11条竖向裂缝，缝长在34～53cm之间，缝宽在0.06～0.12mm之间
66		4号肋0～L/2区段左侧面	竖向裂缝	自L/2起3.5m范围内8条竖向裂缝，缝长在33～56cm之间，缝宽在0.06～0.13mm之间
67		4号肋L/2～L区段右侧面	竖向裂缝	自L/2起3.5m范围内9条竖向裂缝，缝长在32～49cm之间，缝宽在0.06～0.14mm之间
68		4号肋L/2～L区段左侧面	竖向裂缝	自L/2起3.5m范围内7条竖向裂缝，缝长在30～56cm之间，缝宽在0.06～0.12mm之间
69		5号肋0～L/2区段右侧面	竖向裂缝	自L/2起3.5m范围内3条竖向裂缝，缝长在30～54cm之间，缝宽在0.06～0.14mm之间
70		5号肋L/2～L区段右侧面	竖向裂缝	自L/2起3.5m范围内3条竖向裂缝，缝长在46～57cm之间，缝宽在0.06～0.14mm之间

(5)主、次节点。

检查发现,大桥主、次节点处混凝土均存在径向裂缝,裂缝宽度在0.20～0.40mm之间;主节点处60%的现浇段混凝土出现斜向开裂;主节点连接处混凝土胀裂脱落、钢板外露锈蚀。典型病害如图2-16、图2-17所示,详细检查情况见表2-5。

图2-16　主节点处现浇段混凝土出现斜向开裂

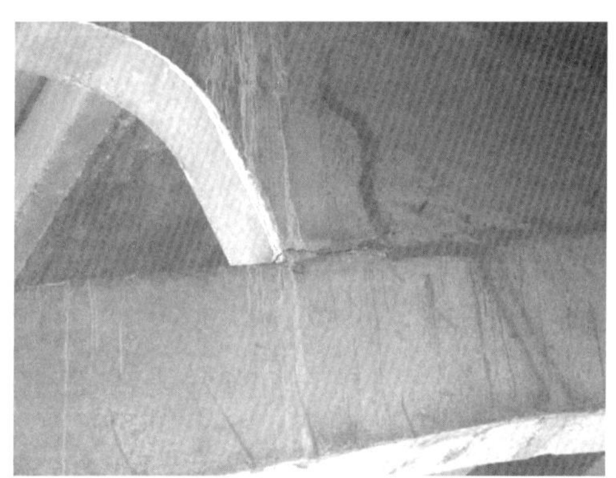

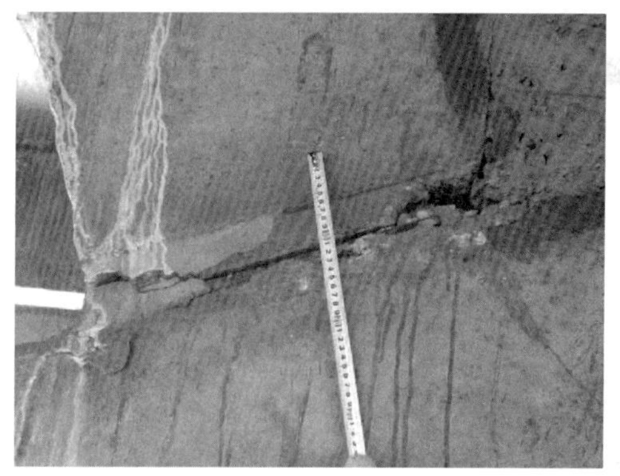

图2-17　节点连接处混凝土胀裂脱落、钢板外露锈蚀

主、次节点检查结果汇总表　　表2-5

序号	孔号	位　置	病害种类	病害描述
1	1号孔	1号肋0～$L/2$区段	径向裂缝	主节点位置1条径向裂缝,缝长37cm,缝宽0.22mm
2		1号肋$L/2$～L区段	径向裂缝	主节点位置1条径向裂缝,缝长35cm,缝宽0.25mm
3		2号肋0～$L/2$区段	径向裂缝	次节点位置1条径向裂缝,缝长24cm,缝宽0.22mm
4		3号肋$L/2$～L区段	径向裂缝	主节点位置1条径向裂缝,缝长43cm,缝宽0.21mm
5		4号肋0～$L/2$区段	径向裂缝	次节点位置1条径向裂缝,缝长33cm,缝宽0.26mm
6		4号肋$L/2$～L区段	径向裂缝	主节点位置1条径向裂缝,缝长35cm,缝宽0.21mm

续上表

序号	孔号	位　置	病害种类	病害描述
7	2号孔	1号肋 $L/2 \sim L$ 区段	径向裂缝	主节点位置1条径向裂缝，缝长35cm，缝宽0.25mm
8		2号肋 $L/2 \sim L$ 区段	径向裂缝	主节点位置1条径向裂缝，缝长44cm，缝宽0.31mm
9		3号肋 $L/2 \sim L$ 区段	径向裂缝	主节点位置1条径向裂缝，缝长34cm，缝宽0.25mm
10	3号孔	1号肋 $0 \sim L/2$ 区段	径向裂缝	次节点位置1条径向裂缝，缝长45cm，缝宽0.25mm
11		1号肋 $0 \sim L/2$ 区段	径向裂缝	主节点位置1条径向裂缝，缝长37cm，缝宽0.26mm
12		2号肋 $L/2 \sim L$ 区段	径向裂缝	主节点位置1条径向裂缝，缝长44cm，缝宽0.31mm
13		3号肋 $L/2 \sim L$ 区段	径向裂缝	主节点位置1条径向裂缝，缝长34cm，缝宽0.25mm
14		4号肋 $0 \sim L/2$ 区段	混凝土脱落、钢板锈蚀	主节点位置弦杆混凝土与钢板连接部位有缝隙，混凝土脱落，钢板锈蚀
15		5号肋 $L/2 \sim L$ 区段	混凝土脱落、钢板锈蚀	主节点位置弦杆混凝土与钢板连接部位脱裂、缝隙宽达2cm，混凝土脱落，钢板锈蚀
16		6号肋 $L/2 \sim L$ 区段	径向裂缝	主节点位置1条径向裂缝，缝长45cm，缝宽0.27mm
17	4号孔	1号肋 $0 \sim L/2$ 区段	径向裂缝	次节点位置1条径向裂缝，缝长49cm，缝宽0.26mm
18		1号肋 $0 \sim L/2$ 区段	径向裂缝	主节点位置1条径向裂缝，缝长37cm，缝宽0.26mm
19		2号肋 $L/2 \sim L$ 区段	径向裂缝	主节点位置1条径向裂缝，缝长44cm，缝宽0.31mm
20		3号肋 $0 \sim L/2$ 区段	径向裂缝	次节点位置1条径向裂缝，缝长39cm，缝宽0.22mm
21		4号肋 $0 \sim L/2$ 区段	径向裂缝	主节点位置3条径向裂缝，缝长在34～42cm之间，缝宽在0.25～0.28mm之间
22		4号肋 $L/2 \sim L$ 区段	混凝土胀裂	左右侧主节点位置混凝土胀裂
23		5号肋 $L/2 \sim L$ 区段	混凝土脱落、钢板锈蚀	主节点位置弦杆混凝土与钢板连接部位有缝隙，混凝土脱落，钢板锈蚀

结论：上部主要承重构件评定标度为5，处于坏的状态。

2.4.2.9 上部一般承重构件

(1)微弯板

微弯板底存在网状裂缝的有26块，约占总数的6.5%；微弯板底存在纵向开裂的有42块，约占总数的11.3%；微弯板肋板开裂的有35块，约占总数的39.9%；微弯板板底存在水浸泛白的有45块，约占总数的11.3%。典型病害如图2-18～图2-21所示，检查结果见表2-6。

微弯板检查结果汇总表　　表2-6

序号	孔号	位　置	病害种类	病害描述
1	1号孔	1～2号肋间	U形裂缝、渗水泛白	9号、10号、11号微弯板肋板中线位置出现多条U形裂缝；17号微弯板板底1处渗水泛白，$S=1.1\times0.5(\text{m}^2)$

续上表

序号	孔号	位　置	病害种类	病 害 描 述
2	1 号孔	2～3 号肋间	纵向开裂、渗水泛白	1 条纵向裂缝贯通 9 号、10 号、11 号微弯板，缝口渗水泛白，L=5.7m； 1 号微弯板板底 1 处渗水泛白，S=2.1×0.3(m^2)； 4 号微弯板 2 号肋板至 6 号微弯板 1 号肋板之间大面积渗水泛白，S=3.6×2.6(m^2)； 20 号微弯板板底整体渗水泛白
3		3～4 号肋间	渗水泛白、U 形裂缝	8 号、9 号、10 号、11 号微弯板肋板中线位置出现多条 U 形裂缝； 20 号微弯板板底 1 处渗水泛白，S=1.8×1(m^2)
4		4～5 号肋间	纵向开裂、接缝渗水、渗水泛白	2 号、12 号、19 号微弯板板底均出现 2 条不等长度纵向裂缝； 6 号与 7 号板间接缝渗水泛白； 15 号微弯板在低桩号端出现 7 条纵向不等长度裂缝，缝长在 30～50cm 范围内； 16 号微弯板板底 50%网裂、渗水泛白
5		5～6 号肋间	渗水泛白、U 形裂缝	9 号、10 号、11 号微弯板肋板中线位置出现多条 U 形裂缝； 16 号微弯板板底在高桩号侧 1 处渗水泛白，S=1.9×0.9(m^2)
6	2 号孔	1～2 号肋间	渗水泛白、U 形裂缝	9～12 号微弯板肋板中线位置出现多条 U 形裂缝； 15 号微弯板板底一处渗水泛白，S=1.2×0.8(m^2)
7		2～3 号肋间	渗水泛白、U 形裂缝	7～12 号微弯板肋板中线位置出现多条 U 形裂缝； 1 号、5 号、19 号、20 号微弯板板底各有一处渗水泛白
8		3～4 号肋间	纵向开裂、U 形裂缝、斜向裂缝	2 条平行纵向裂缝贯通 4、5、6 号微弯板，缝口渗水泛白，L_1=6.3m、L_2=5.7m； 7 号、10 号微弯板板底各出现 1 条纵向裂缝； 8 号微弯板板底出现 2 条纵向裂缝，缝口渗水泛白； 12 号、14 号、18 号微弯板板底分别出现 2 条、3 条、2 条纵向裂缝，缝口渗水泛白
9		4～5 号肋间	接缝渗水、U 形裂缝、板底网裂	8 号、9 号、10 号、12 号、13 号微弯板肋板中线位置出现多条 U 形裂缝； 9 号与 10 号、14 号与 15 号、16 号与 17 号板间接缝渗水泛白； 10 号微弯板板底 90%网裂，混凝土破碎、缺失，渗水泛白严重
10		5～6 号肋间	接缝渗水、U 形裂缝、渗水泛白	2 号微弯板板底 1 处渗水泛白，S=1.3×1.2(m^2)； 9～12 号微弯板肋板中线位置多条 U 形裂缝； 5 号与 6 号、8 号与 9 号号板间接缝渗水泛白
11	3 号孔	1～2 号肋间	U 形裂缝、渗水泛白	3 号微弯板肋板多条 U 形裂缝； 1 号、17 号微弯板板底各有 1 处渗水泛白，S_1=1.3×1.2(m^2)、S_2=1.4×1.3(m^2)

续上表

序号	孔号	位　置	病害种类	病 害 描 述
12	3 号孔	2～3 号肋间	纵向开裂、渗水泛白	1 号、5 号微弯板板底各有 1 处渗水泛白，$S_1=2.1\times0.9\text{m}^2$、$S_2=1.3\times1.1(\text{m}^2)$； 6 号微弯板板底出现一条纵向裂缝，缝口渗水泛白 $L=2.1\text{m}$； 11 号微弯板板底出现 3 条纵向裂缝，缝口渗水泛白
13	3 号孔	3～4 号肋间	纵向开裂、渗水泛白、粗骨料外露	1 条纵向裂缝贯通 1 号、2 号微弯板，缝口渗水泛白，$L=3.2\text{m}$； 1 条纵向裂缝贯通 2 号、3 号微弯板，缝口渗水泛白，$L=4.3\text{m}$； 5 号微弯板板底出现一条纵向裂缝，$L=2.6\text{m}$； 1 条纵向裂缝贯通 8 号、9 号、10 号微弯板，缝口渗水泛白，$L=6.5\text{m}$； 12 号、17 号、20 号微弯板板底均出现 1 条纵向裂缝； 14 号微弯板板底出现 2 条纵向裂缝，缝口渗水泛白； 11 号微弯板板底 1 处粗骨料外露，$S=2.2\times1.5(\text{m}^2)$
14	3 号孔	4～5 号肋间	斜向裂缝、板底网裂、接缝渗水	3 号微弯板板底在跨中 2 条斜向裂缝，$L_1=52\text{cm}$、$L_2=50\text{cm}$； 4 号微弯板板底 40%渗水泛白； 4 号与 5 号、5 号与 6 号、7 号与 8 号、8 号与 9 号、9 号与 10 号、10 号与 11 号、14 号与 15 号、15 号与 16 号、16 号与 17 号板间接缝渗水泛白； 11 号微弯板板底 1 处网裂，$S=2.5\times0.5(\text{m}^2)$
15	3 号孔	5～6 号肋间	接缝渗水、U 形裂缝、渗水泛白	9～12 号微弯板肋板中线位置多条 U 形裂缝； 4 号与 5 号、11 号与 12 号、15 号与 16 号板间接缝渗水泛白； 18 号微弯板板底 1 处渗水泛白，$S=1.2\times1.1(\text{m}^2)$
16	4 号孔	1～2 号肋间	U 形裂缝、渗水泛白	1 号、14 号微弯板板底各有 1 处渗水泛白，$S_1=2.8\times1(\text{m}^2)$、$S_2=2\times1(\text{m}^2)$； 8～12 号微弯板肋板中线位置出现不等数量 U 形裂缝
17	4 号孔	2～3 号肋间	纵向开裂、渗水泛白、接缝渗水	1 号、12 号微弯板板底各有 1 处渗水泛白，$S_1=1.1\times0.6(\text{m}^2)$、$S_2=1.5\times0.8(\text{m}^2)$； 4 号微微板板底 1 条纵向裂缝，$L=1.2\text{m}$； 5 号与 6 号、9 号与 10 号、16 号与 17 号板间接缝渗水泛白
18	4 号孔	3～4 号肋间	纵向开裂、U 形裂缝、渗水泛白、接缝渗水	2 号、5 号、11 号微弯板板底均出现 1 条纵向裂缝，缝口渗水泛白； 8～12 号微弯板肋板中线位置出现不等数量 U 形裂缝； 8 号微弯板板底 1 处渗水泛白，$S=1.6\times0.6(\text{m}^2)$； 3 号与 4 号、6 号与 7 号、9 号与 10 号、14 号与 15 号、17 号与 18 号板间接缝渗水泛白

(2)横系梁

大桥横系梁整体质量状况较差，缺失横系梁 7 个；25 个横系梁出现钢板断裂、错位现象；横系梁与拱肋连接处开裂的有 38 处，外包混凝土脱落的有 42 处，连接钢板开焊的有 39 处。典型病害如图 2-22～图 2-25 所示，检查情况见表 2-7。

图 2-18　微弯板板底网裂且渗水、泛白

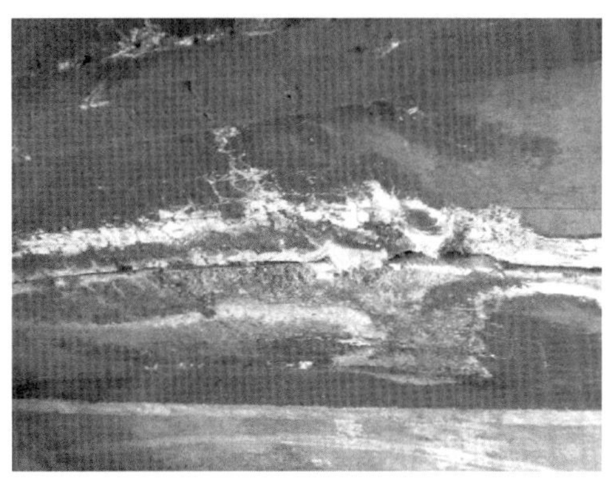

图 2-19　微弯板肋板多道竖向开裂

图 2-20　微弯板板底纵裂

图 2-21　微弯板板底渗水泛白

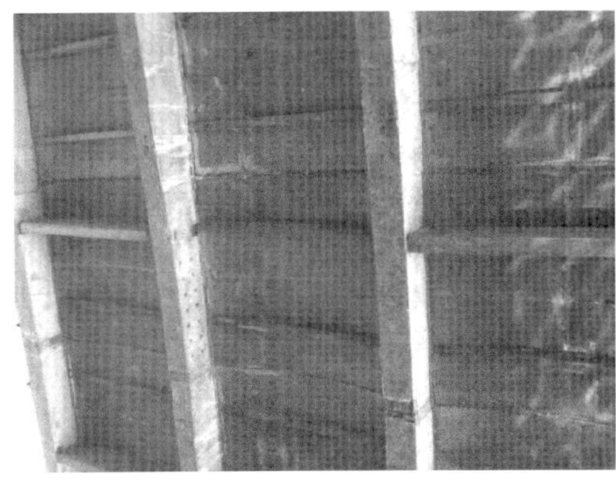

图 2-22　横系梁缺失

图 2-23　横系梁与拱肋钢板结合部位开焊

图 2-24　横系梁钢板断裂、错位

图 2-25　横系梁与拱肋结合处外包混凝土脱落

横系梁检查结果汇总表　　表 2-7

序号	孔号	位　置	病 害 种 类	病 害 描 述
1	1 号孔	1～2 号肋间	混凝土脱落、钢板外露锈蚀	3 号、5 号、7 号、9 号横系梁右侧与拱肋连接钢板外包砂浆开裂脱落，钢板外露锈蚀
2		3～4 号肋间	横系梁开焊、混凝土脱落、钢板外露锈蚀	5 号横系梁左侧拱肋连接钢板外包砂浆开裂脱落，钢板外露锈蚀； 6 号横系梁右侧与拱肋连接部位开焊； 9 号横系梁右侧与拱肋连接钢板外包砂浆开裂脱落，钢板外露锈蚀
3		5～6 号肋间	混凝土脱落、钢板外露锈蚀	8 号横系梁右侧与拱肋连接钢板外包砂浆开裂脱落，钢板外露锈蚀
4	2 号孔	1～2 号肋间	连接处开焊、混凝土脱落、钢板外露锈蚀	1 号、3～5 号横系梁右侧与拱肋连接钢板外包砂浆开裂脱落，钢板外露锈蚀，其中 4 号横系梁右侧与拱肋连接钢板开焊
5		2～3 号肋间	连接处开焊、混凝土脱落、钢板外露锈蚀	5 号横系梁右侧与拱肋连接钢板外包砂浆开裂脱落，钢板外露锈蚀，连接钢板开焊； 7 号横系梁右侧与拱肋连接钢板外包砂浆开裂脱落，钢板外露锈蚀
6		2～3 号肋间	错位	5 号、7 号、8 号、10 号横系梁右侧错位
7		2～3 号肋间	缺失	9 号、12 号横系梁整体缺失
8		3～4 号肋间	连接处开焊、混凝土脱落、钢板外露锈蚀	3 号、4 号、5 号、6 号横系梁左侧与拱肋连接钢板外包砂浆开裂脱落，钢板外露锈蚀，连接钢板开焊； 7 号横系梁左侧与拱肋连接钢板外包砂浆开裂脱落，钢板外露锈蚀
9		5～6 号肋间	连接处开焊、钢板外露锈蚀	1 号、2 号、3 号、6 号横系梁左侧，7 号横系梁右侧，9 号、10 号横系梁右侧与拱肋连接钢板开焊，钢板外露锈蚀

续上表

序号	孔号	位 置	病 害 种 类	病 害 描 述
10	2号孔	5～6号肋间	缺失	7号、10号横系梁整体缺失
11		5～6号肋间	错位	4号、6号、7号、8号、10号、12号、15号横系梁右侧错位
12	3号孔	1～2号肋间	连接处开焊、混凝土脱落、钢板外露锈蚀	5～9号横系梁右侧与拱肋连接钢板外包砂浆开裂脱落，钢板外露锈蚀，连接钢板开焊
13		2～3号肋间	连接处开焊、混凝土脱落、钢板外露锈蚀	4号横系梁右侧与拱肋连接钢板外包砂浆开裂脱落，钢板外露锈蚀，连接钢板轻微开焊； 5号横系梁左侧与拱肋连接钢板外包砂浆开裂脱落，钢板外露锈蚀，连接钢板开焊； 7号横系梁左侧与拱肋连接钢板外包砂浆开裂脱落，钢板外露锈蚀，连接钢板开焊
14		2～3号肋间	缺失	7号、12号横系梁整体缺失
15		3～4号肋间	连接处开焊、混凝土脱落、钢板外露锈蚀	4号横系梁右侧与拱肋连接钢板外包砂浆开裂脱落，钢板外露锈蚀，连接钢板轻微开焊； 7号横系梁左侧与拱肋连接钢板外包砂浆开裂脱落，钢板外露锈蚀，连接钢板开焊
16		3～4号肋间	错位	3号、5号、7号、9号、11号、12号、15号横系梁右侧错位
17		5～6号肋间	错位	4号、7号、8号、9号、13号、15号、16号横系梁右侧错位
18		5～6号肋间	连接处开焊、混凝土脱落、钢板外露锈蚀	1号、4号横系梁右侧与拱肋连接钢板外包砂浆开裂脱落，钢板外露锈蚀，连接钢板开焊； 5号、6号、8号横系梁左侧与拱肋连接钢板外包砂浆开裂脱落，钢板外露锈蚀，连接钢板开焊
19	4号孔	1～2号肋间	混凝土脱落、钢板外露锈蚀	4号横系梁左侧与拱肋连接钢板外包砂浆开裂脱落，钢板外露锈蚀； 5号、6号横系梁右侧与拱肋连接钢板外包砂浆开裂脱落，钢板外露锈蚀
20		2～3号肋间	混凝土脱落、钢板外露锈蚀	5号横系梁左侧与拱肋连接钢板外包砂浆开裂脱落，钢板外露锈蚀
21		2～3号肋间	缺失	9号横系梁整体缺失
22		3～4号肋间	连接处开焊、混凝土脱落、钢板外露锈蚀	6号横系梁左侧与拱肋连接钢板外包砂浆开裂脱落，钢板外露锈蚀，连接钢板开焊
23		5～6号肋间	连接处开焊、混凝土脱落、钢板外露锈蚀	4号、5号、6号横系梁右侧与拱肋连接钢板外包砂浆开裂脱落，钢板外露锈蚀，连接钢板开焊

结论:上部一般承重构件评定标度为 4,处于差的状态。

2.4.2.10 桥台

两桥台腹孔板间铰缝存在不同程度勾缝砂浆脱落、渗水泛白;0 号桥台距右边侧 11.05m处一条自台帽开始的竖向贯通裂缝,最大缝宽达 1.2mm;两桥台腹孔板间铰缝位置出现多道纵裂、混凝土破碎现象,部分主板处于单板受力状态。典型病害如图 2-26 所示。

结论:桥台评定标度为 3,处于较差状态。

2.4.2.11 桥墩

桥墩承台混凝土在水溅区域存在竖向胀裂现象。典型病害如图 2-27 所示,检查情况见表 2-8。

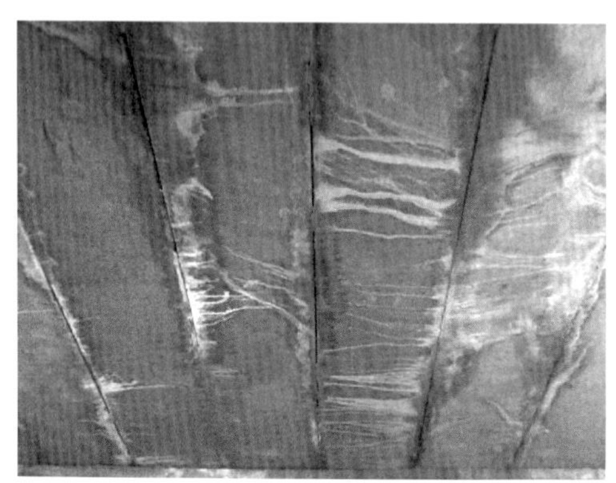
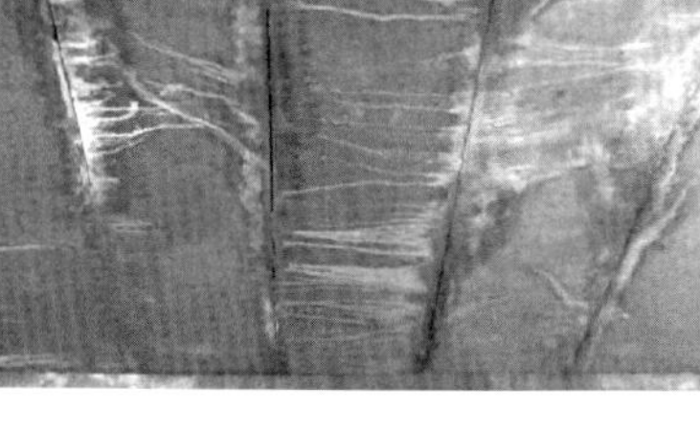

图 2-26 腹孔铰缝渗水泛白

图 2-27 桥墩承台混凝土竖向开裂

桥墩承台检查结果汇总表 表 2-8

序号	墩号	位 置	病害种类	病 害 描 述
1	1 号墩	低桩号侧	竖向胀裂	距右边侧 1.3m、1.8m、2.8m、11.5m、15.7m 存在 5 条混凝土竖向胀裂,缝长在 25~46cm 之间,缝宽在 0.12~0.24mm 之间
2		高桩号侧	竖向胀裂	距右边侧 2.6m、5.8m、6.9m、10.6m、11.5m、15.7m 存在 6 条混凝土竖向胀裂,缝长在 15~48cm 之间,缝宽在 0.14~0.26mm 之间
3	2 号墩	低桩号侧	竖向胀裂	距右边侧 0.4m、1.9m、4.5m、8.8m、12.7m、13.2m 存在 6 条混凝土竖向胀裂,缝长在 13~39cm 之间,缝宽在 0.10~0.24mm 之间
4		高桩号侧	竖向胀裂	距右边侧 1.6m、3.8m、7.9m、11.6m、15.7m 存在 6 条混凝土竖向胀裂,缝长在 10~43cm 之间,缝宽在 0.12~0.24mm 之间
5	3 号墩	低桩号侧	竖向胀裂	距右边侧 0.7m、2.9m、3.5m、6.8m、9.7m、16.2m 存在 6 条混凝土竖向胀裂,缝长在 15~48cm 之间,缝宽在 0.11~0.20mm 之间
6		高桩号侧	竖向胀裂	距右边侧 3.6m、5.8m、8.9m、9.6m、12.1m、13.7m、15.9m 存在 7 条混凝土竖向胀裂,缝长在 13~47cm 之间,缝宽在 0.12~0.26mm 之间

结论：桥墩评定标度为2，处于较好状态。

2.4.2.12　锥坡

经检查发现，0号桥台锥坡砌石勾缝砂浆松动脱落，坡脚损坏面积 $S=2.9\times3.3(m^2)$。典型病害如图2-28所示。

图2-28　锥坡砌石缺失

结论：锥坡的评定标度为3，处于较差状态。

2.4.3　详细检查结果

2.4.3.1　桥梁几何形态测定

桥面线形测量时，测点布置在行车道两侧边缘及中心线部位，选取支点、$L/4$、$L/2$、$3L/4$、L 断面作为高程测试断面，每个断面测试3点作为各幅该断面的高程。

测量的桥面高程以引出点1右边缘作为相对零点，其中，引出点1距离桥头伸缩缝10m，相对数据见表2-9，根据表中数据绘制的桥面线形如图2-29所示。从表中数据与所绘制高程图可以看出，该桥纵向线形较好，不存在纵向折点或拐点现象。

桥面高程相对数据（单位：m）　　表2-9

序　号	右边缘	中　线	左边缘
引出点1	1.580	1.480	1.570
引出点2	1.545	1.410	1.530
支点	1.420	1.390	1.400
$L/4$	1.405	1.270	1.395
$L/2$	1.405	1.290	1.390
$3L/4$	1.412	1.302	1.403
L	1.402	1.287	1.400

续上表

序　　号	右 边 缘	中　　线	左 边 缘
支点	1.395	1.272	1.420
L/4	1.402	1.261	1.390
L/2	1.410	1.290	1.415
3L/4	1.411	1.312	1.421
L	1.415	1.288	1.400
支点	1.405	1.285	1.400
L/4	1.420	1.300	1.410
L/2	1.431	1.315	1.390
3L/4	1.426	1.307	1.433
L	1.415	1.282	1.410
支点	1.408	1.277	1.407
L/4	1.415	1.295	1.419
L/2	1.435	1.320	1.434
3L/4	1.427	1.310	1.425
L	1.429	1.298	1.426
引出点 3	1.409	1.310	1.405
引出点 4	1.435	1.340	1.455

2.4.3.2　结构总体尺寸和构件尺寸的复核

受现场客观条件所限，结构总体尺寸的测量主要包括单孔跨径、桥面宽度的测量。其中单孔跨径每孔布置 1 条测线，位于两墩顶中间，桥面宽度每孔进行 3 个断面的测量。构件尺寸的测量主要对拱片、盖梁以及桥墩立柱的细部尺寸进行了测量。

(1)结构总体尺寸见表 2-10。

结构总体尺寸(2 号孔)　　　表 2-10

序　　号	测 量 内 容	测 量 位 置	实　测　值(m)	设　计　值(m)	偏　　差(m)
1	跨径测量	右侧	45.02	45	0.02
2		左侧	45.01	45	0.01
3	桥面宽度	1 号墩	17.002	17	0.002
4		跨中	17.000	17	0
5		2 号墩	17.001	17	0.001

相对高程 (cm)
140
120
100
80
60
40
20
0
-20
-40
-60
-80
-100
-120
-140
引出点1
引出点2
支点
L/4
L/2
3L/4
L
支点
L/4
L/2
3L/4
L
支点
L/4
L/2
3L/4
L
支点
L/4
L/2
3L/4
L
引出点3
引出点4
右边缘
中线
左边缘

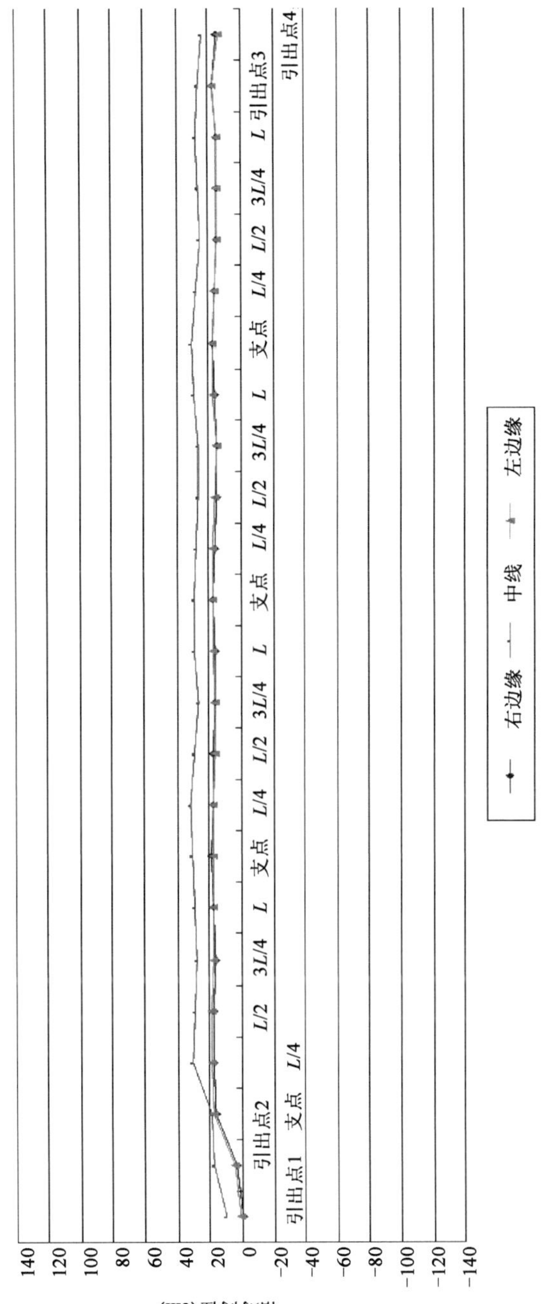

图2-29　桥面纵向线形

(2)构件尺寸见表 2-11 和表 2-12。

1/2 拱片构件尺寸 表 2-11

序 号	编 号	长 度(cm)		
		设 计	实 测	偏 差
1	3-1 号	2 374.3	2 374.29	0.01
2	3-3 号		2 374.30	0
3	3-4 号		2 374.31	−0.01
4	3-5 号		2 374.28	0.02
5	3-6 号		2 374.30	0
6	26-11 号		2 374.30	0

盖 梁 构 件 尺 寸 表 2-12

序号	尺寸	1 号盖梁			3 号盖梁		
		设计值(cm)	实测值(cm)	偏差(cm)	设计值(cm)	实测值(cm)	偏差(cm)
1	长度	1 700	1 700.1	−0.1	1 700	1 700.2	−0.2
2			1 700.3	−0.3		1 700.1	−0.1
3			1 700.2	−0.2		1 700.0	0
7	高度	155	155.2	−0.2	155	155.1	−0.1
8			155.2	−0.2		155.2	−0.2
9			155.3	−0.3		155	0

2.4.4 特殊检查结果

2.4.4.1 混凝土强度

结合一般检查的结果,针对大桥主要受力构件和桥梁构件的主要受力部位布设测区,采用超声回弹综合法进行混凝土强度检测,选取 2 号孔作为特殊检测孔。

混凝土强度检测方法参照《超声回弹综合法检测混凝土强度技术规程》(CECS 02:2005)执行。承重构件实测强度状况评定标准见表 2-13。根据测区实测超声声速值和表面回弹值,利用全国通用测强曲线推求的各测区混凝土的推定强度,见表 2-14。

承重构件实测强度状况评定标准 表 2-13

K_{bt}	K_{bm}	强 度 状 态	评 定 标 度
≥0.95	≥1.00	良好	1
0.90~0.95	≥0.95	较好	2
0.81~0.89	≥0.90	较差	3
0.70~0.80	≥0.85	坏的	4
≤0.70	≤0.84	危险	5

注:推定强度匀质系数 $K_{bt}=R_{it}/R$,平均强度匀质系数 $K_{bm}=R_{im}/R$;R_{it} 为构件混凝土实测强度推定值,R_{im} 为构件测区平均换算强度值,R 为混凝土极限抗压强度值。

混凝土强度推定表 表2-14

检 测 部 位	平均强度（MPa）	推定强度（MPa）	设计强度（MPa）	推定强度匀质系数 K_{bt}	平均强度匀质系数 K_{bm}	评定标度
2号孔2号拱肋弦杆	33.15	31.31	30	1.04	1.11	1
2号孔3号拱肋弦杆	31.45	29.53	30	0.98	1.05	1
2号孔3号拱肋弦杆	32.37	30.48	30	1.02	1.08	1
2号孔2号拱肋实腹段	31.64	29.65	30	0.99	1.05	1
2号孔5号拱肋实腹段	31.88	29.87	30	1.00	1.06	1
2号孔4号拱腿	31.88	29.87	30	1.00	1.06	1
2号墩盖梁高桩号侧面	28.76	26.85	25	1.07	1.15	1
3号墩承台低桩号侧面	29.52	27.64	25	1.18	1.11	1
2号墩上小盖梁2号立柱	42.93	40.68	30	1.36	1.43	1
2号墩上小盖梁4号立柱	44.23	42.34	30	1.41	1.47	1

由表可见，大桥测区的推定强度匀质系数 K_{bt} 大于0.95，平均强度匀质系数 K_{bm} 大于1.0，依据承重构件实测强度状况评定标准，大桥的混凝土强度评定标度值为1，混凝土强度处于良好状态。

2.4.4.2 钢筋分布及混凝土保护层厚度

混凝土结构的钢筋分布状况采用电磁检测方法进行无损检测。根据表2-15中混凝土保护层厚度合格判定系数值 K，计算得到测量部位实测保护层厚度特征值 D_{ne}，并根据 D_{ne} 与其设计值 D_{nd} 的比值，按表2-16进行混凝土保护层厚度对结构钢筋耐久性的影响的评判。

混凝土保护层厚度合格判定系数值 表2-15

n	10～15	16～24	≥25
K	1.695	1.645	1.595

保护层厚度对结构钢筋耐久性的评判标准 表2-16

D_{ne}/D_{nd}	对结构钢筋耐久性的影响	评 定 标 度
>0.95	影响不显著	1
0.85～0.95	有轻度影响	2
0.70～0.85	有影响	3
0.55～0.70	有较大影响	4
<0.55	钢筋易失去碱性保护，发生锈蚀	5

计算的各测区保护层厚度特征值 D_{ne} 等相关指标见表2-17。

混凝土保护层厚度测量值及评判结果 表 2-17

测试部位	钢筋类型	最大值(mm)	最小值(mm)	特征值 D_{NE}(mm)	D_{ne}/D_{nd}	评定
2号孔2号拱肋实腹段	竖向	27	20	21.8	0.94	2
	横向	30	20	23.3	0.93	2
2号孔4号拱肋实腹段	竖向	23	20	19.8	0.86	2
	横向	28	23	25.5	0.94	2
2号孔3号拱肋弦杆	竖向	24	22	21.3	0.92	2
	横向	29	22	23.8	0.94	2
2号孔4号拱肋弦杆	竖向	26	19	20.8	0.90	2
	横向	26	25	23.8	0.94	2
2号墩盖梁高桩号侧	竖向	55	53	52.3	1.08	1
	横向	54	49	49.8	0.99	1
3号墩承台低桩号侧	竖向	54	52	51.3	1.06	1
	横向	55	50	50.8	1.05	1
2号墩上小盖梁2号立柱	竖向	27	25	24.3	1.04	1
	横向	29	26	25.8	1.02	1
2号墩上小盖梁4号立柱	竖向	28	25	24.8	1.06	1
	横向	28	26	25.3	1.00	1

根据所测数据并结合表观质量检查状况可以看出，大桥拱肋钢筋保护层设计厚度为25mm，由于施工偏差等原因导致箍筋保护层厚度普遍偏小，混凝土不能较好地保护钢筋，空气中的水汽和有害离子更容易侵入保护层内部侵蚀钢筋，造成钢筋锈蚀，因此，拱片评定标度为2，钢筋混凝土保护层对钢筋耐久性有轻度影响；其余构件，如承台及墩台盖梁及墩上小盖梁立柱的保护层厚度评定标度为1，保护层对钢筋的耐久性的影响不显著，钢筋混凝土保护层可以较好地保护钢筋。

2.4.4.3 钢筋锈蚀状况

采用半电池电位法对钢筋的可能锈蚀状况进行评定，在拱片以及盖梁、立柱分别布设20cm×20cm的测区，采用钢筋锈蚀测定仪进行测定。

钢筋锈蚀状态的判定依据见表2-18，钢筋锈蚀电位测试结果见表2-19，根据实测数据绘制的电势分布如图2-30～图2-35所示。

钢筋锈蚀状态判定依据 表 2-18

电位水平(mV)	混凝土内钢筋状态	评定标度
0～−200	未锈蚀状态	1
−200～−300	发生锈蚀的概率<10%，可能有锈蚀	2

续上表

电 位 水 平(mV)	混凝土内钢筋状态	评 定 标 度
－300～－400	锈蚀状态不确定，可能有坑蚀	3
－400～－500	发生锈蚀的概率＞90％，全面锈蚀	4
－500 以上(绝对值)	肯定锈蚀，锈蚀严重	5

注：相邻两测点的测值相差 150mV(高电位梯度)，更负的测值处判为锈蚀。

钢筋锈蚀电位表 表 2-19

部 位	锈 蚀 电 位(mV)							
2 号孔 2 号拱肋实腹段	－112	－103	－123	－67	－112	－145	－111	－188
	－105	－103	－121	－112	－123	－135	－108	－112
	－132	－131	－188	－176	－165	－143	－141	－121
2 号孔 4 号拱肋实腹段	－99	－123	－112	－143	－154	－145	－165	－156
	－145	－178	－192	－145	－143	－177	－143	－134
	－178	－176	－165	－154	－178	－165	－121	－124
2 号孔 3 号拱肋弦杆	－98	－83	－108	－153	－91	－77	－78	－97
	－59	－98	－106	－118	－68	－98	－102	－132
	－118	－98	－108	－88	－104	－102	－124	－124
2 号孔 4 号拱肋弦杆	－156	－152	－144	－132	－163	－192	－190	－186
	－188	－219	－199	－218	－219	－192	－231	－233
	－176	－174	－170	－191	－174	－162	－181	－212
2 号墩盖梁高桩号侧	－158	－121	－167	－131	－160	－189	－147	－144
	－146	－178	－137	－168	－172	－143	－121	－161
	－177	－143	－189	－193	－143	－181	－152	－181
2 号墩上小盖梁 2 号立柱	－172	－127	－161	－194	－175	－171	－129	－160
	－167	－182	－154	－160	－178	－161	－175	－130
	－116	－117	－132	－136	－123	－118	－120	－103
2 号墩上小盖梁 4 号立柱	－116	－112	－104	－92	－123	－152	－150	－146
	－101	－132	－112	－131	－132	－105	－144	－146
	－122	－120	－116	－137	－120	－108	－127	－158

由表中数据及图中可以看出，盖梁及墩上小盖梁立柱钢筋锈蚀电位测试值在 0～－200mV之间，结合评判标准，判定混凝土内部钢筋锈蚀状态评定标度为 1，处于未锈蚀状态；拱肋钢筋锈蚀电位测试值在 0～－300mV 之间，结合评判标准，判定混凝土内部钢筋锈蚀状态评定标度为 2，发生锈蚀的概率＜10％，可能有锈蚀。

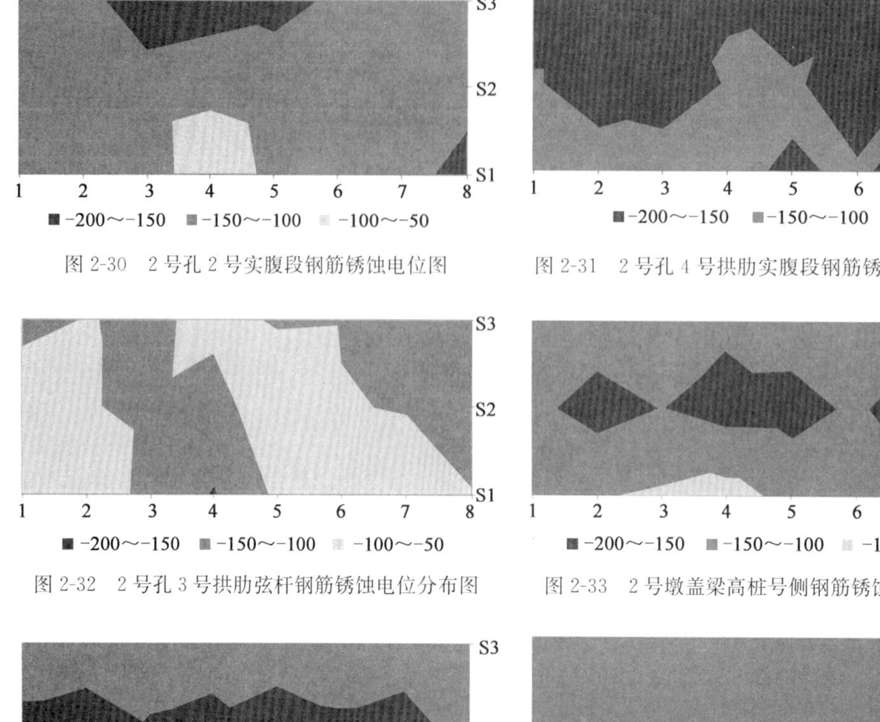

图 2-30　2 号孔 2 号实腹段钢筋锈蚀电位图

图 2-31　2 号孔 4 号拱肋实腹段钢筋锈蚀电位分布图

图 2-32　2 号孔 3 号拱肋弦杆钢筋锈蚀电位分布图

图 2-33　2 号墩盖梁高桩号侧钢筋锈蚀电位分布图

图 2-34　2 号墩上小盖梁 2 号立柱钢筋锈蚀电位分布图

图 2-35　2 号墩上小盖梁 4 号立柱钢筋锈蚀电位分布图

2.4.4.4　混凝土碳化深度

在时间一定的条件下，混凝土的碳化深度与其强度呈近似的直线关系，强度越低，相同条件下碳化速度越快。混凝土的碳化深度越大，保护钢筋不产生锈蚀的能力就越低。混凝土碳化深度对钢筋锈蚀影响的评判标准见表 2-20。实测结构混凝土碳化深度值见表 2-21。

混凝土碳化深度对钢筋锈蚀影响的评判标准　　表 2-20

碳化深度/保护层厚度	混凝土碳化影响程度	评定标度
≪1	轻微	1
<1	较小	2
=1	有影响	3
>1	大	4
≫1	很大	5

注：≪1 表示构件全部实测比值均小于 1；≫1 表示构件全部实测比值均大于 1。

结构混凝土碳化深度测量值　　表 2-21

部　位	碳化深度平均值(mm)	保护层厚度最小值(mm)	碳化深度/保护层厚度	评定标度
2号孔2号拱肋实腹段	1.4	23	0.06	1
2号孔3号拱肋实腹段	1.3	22	0.06	1
2号孔4号拱肋实腹段	1.5	24	0.06	1
2号孔5号拱肋实腹段	1.2	23	0.07	1
2号孔3号拱肋弦杆	1.3	24	0.05	1
2号孔4号拱肋弦杆	1.5	25	0.06	1
2号孔5号拱肋弦杆	1.2	20	0.08	1
2号墩盖梁高桩号侧	1.2	48	0.03	1
2号墩上小盖梁2号立柱	1.3	23	0.06	1
2号墩上小盖梁4号立柱	1.1	22	0.05	1

从表中实测数据可以看出，大桥构件混凝土的碳化深度在1.1～1.7mm之间，均小于保护层最小厚度，依据评判标准，大桥构件混凝土碳化深度评定标度值为1，混凝土碳化深度尚未到达钢筋位置，钢筋仍处于混凝土的碱性环境保护之中，可以较好地保护钢筋，混凝土碳化深度对保护层保护钢筋的效能无影响或轻微影响。

2.4.4.5　混凝土电阻率

混凝土的电阻率，反映其导电性。混凝土电阻率大，若钢筋发生锈蚀，则发展速度慢，扩散能力弱；混凝土电阻率小，锈蚀发展速度快，扩散能力强。本次混凝土电阻率的测量是将混凝土电阻率测定仪布置在拱片以及桥墩盖梁、立柱测区进行测定。

混凝土电阻率对钢筋锈蚀影响程度的评判标准见表2-22，实测各构件的电阻率值见表2-23。

混凝土电阻率对钢筋锈蚀影响程度的评判标准　　表 2-22

电阻率(kΩ·cm)	可能的锈蚀速度	评定标度
＞20	很慢	1
15～20	慢	2
10～15	一般	3
5～10	快	4
＜5	很快	5

注：混凝土湿度对量测值有明显影响，量测时构件应为自然状态，否则不能使用此评判标准。

由表中实测数据可以看出，大桥盖梁及墩上小盖梁混凝土电阻率实测值均大于20kΩ·cm，由混凝土电阻率对钢筋锈蚀影响程度的评判标准可以判定，由此引发的钢筋锈蚀的可能性及速率很慢，评定标度为1；拱肋混凝土电阻率实测值在15～20kΩ·cm之间，由混凝土电阻率对钢筋锈蚀影响程度的评判标准可以判定，由此引发的钢筋锈蚀的可能性及速率慢，评定标度为2。

混凝土电阻率测量值　　表2-23

测试部位	电阻率(kΩ·cm)							
2号孔2号拱肋实腹段	17	26	25	19	22	25	23	20
	20	19	21	20	16	17	22	13
2号孔3号拱肋实腹段	14	23	22	16	19	22	20	17
	18	17	19	18	14	15	20	11
2号孔4号拱肋实腹段	16	25	24	18	21	24	22	19
	22	21	23	22	18	19	24	15
2号孔3号拱肋弦杆	20	29	28	22	25	28	26	23
	24	23	25	24	20	21	26	17
2号孔4号拱肋弦杆	15	24	23	17	20	23	21	18
	24	23	25	24	20	21	26	17
2号孔5号拱肋弦杆	20	29	28	22	25	28	26	23
	22	21	23	22	18	19	24	15
2号墩盖梁高桩号侧	45	53	38	66	78	62	70	62
	48	60	42	43	70	57	73	99
2号墩上小盖梁2号立柱	48	56	41	69	81	65	73	65
	52	64	46	47	74	61	77	103
2号墩上小盖梁4号立柱	36	26	25	38	37	36	38	35
	21	23	22	25	28	25	35	46

2.4.4.6 混凝土氯离子含量

混凝土中所含的氯化物能降低混凝土强度、破坏钢筋表层的钝化膜，加速钢筋锈蚀并容易产生坑蚀。当混凝土中氯离子含量较高、碳化深度达到或超过钢筋保护层位置时，内部钢筋锈蚀的可能性及锈蚀速率均较高。氯离子含量对钢筋锈蚀影响程度的评定标准见表2-24，实测结构混凝土氯离子含量见表2-25。

混凝土氯离子含量对钢筋锈蚀影响的评判标准　　表2-24

评定标度值	氯离子含量(占水泥质量百分比)	诱发钢筋锈蚀的可能性
1	<0.15	很小
2	0.15～0.4	不确定
3	0.4～0.7	有可能诱发钢筋锈蚀
4	0.7～1.0	能诱发钢筋锈蚀
5	>1.0	钢筋锈蚀活化

混凝土氯离子含量(%)　　表 2-25

部　位	深　度				
	0～1cm	1～2cm	2～3cm	3～4cm	4～5cm
2 号孔 2 号拱肋实腹段	0.07	0.05	0.12	0.11	0.10
2 号孔 3 号拱肋实腹段	0.07	0.08	0.11	0.14	0.12
2 号孔 4 号拱肋实腹段	0.09	0.06	0.08	0.12	0.14
2 号孔 5 号拱肋实腹段	0.13	0.12	0.11	0.14	0.12
2 号孔 2 号拱肋弦杆	0.06	0.05	0.06	0.09	0.12
2 号孔 4 号拱肋弦杆	0.08	0.07	0.09	0.11	0.13
2 号墩盖梁高桩号侧	0.06	0.09	0.12	0.11	0.13
2 号墩上小盖梁 2 号立柱	0.08	0.08	0.06	0.04	0.07

由表 2-25 中所列氯离子含量实测数值可以看出，拱片、盖梁及立柱混凝土氯离子含量均小于 0.15%，对诱发钢筋锈蚀的可能性很小。

2.4.5　桥梁质量状况评定

根据对桥梁质量检测结果的分析评定，对桥梁技术状况和材料质量状况分别进行评定。

2.4.5.1　桥梁技术状况评定

大桥各部件权重及其相应的得分和总体质量状况的评定见表 2-26 中。由表可见，该桥质量状况得分为 44 分，按照考虑各部件权重的综合评定方法与重要部件最差的缺损状况评定相结合的原则，该桥最终评定为五类桥，需进行改造。

技术状况综合评定　　表 2-26

部件	部件名称	缺损程度	对使用功能影响程度	发展状况的修正	最终评定标度	权重	得分
1	翼墙、耳墙	0	0	0	0	1	0
2	锥坡、护坡	1	1	1	3	1	3
3	桥台及基础	1	1	1	3	23	69
4	桥墩及基础	1	0	1	2	24	48
5	地基冲刷	0	0	0	0	8	0
6	支座	1	1	1	3	3	9
7	上部主要承重构件	2	2	1	5	20	100
8	上部一般承重构件	2	1	1	4	5	20
9	桥面铺装	2	1	1	4	1	4
10	桥头与路堤连接处	1	0	1	2	3	9

续上表

部件	部件名称	缺损程度	对使用功能影响程度	发展状况的修正	最终评定标度	权重	得分
11	伸缩缝	2	1	1	4	3	12
12	人行道	0	0	0	0	1	0
13	栏杆、护栏	1	0	1	2	1	2
14	标志	2	1	0	3	1	3
15	排水设施	1	0	0	1	1	1
16	调治构造物	0	0	0	0	3	0
17	其他	0	0	0	0	1	0

注：1. 综合评定采用下列算式：

$$D_r = 100 - \sum_{i=1}^{n} R_i W_i / 5$$

式中：R_i——表中的最终评定标度；

W_i——各部件权重；

D_r——全桥结构技术状况评分。

2. 该桥结构技术状况评分 $D_r = 44$。

2.4.5.2 材料质量状况评定

通过对桥梁构件进行材质状况的检测以及对检测结果的分析可知：大桥各构件混凝土强度满足要求，材质强度处于较好状态；拱肋的钢筋保护层厚度普遍偏小，对结构钢筋耐久性有影响，空气中的水汽和有害离子容易侵入混凝土内部，导致钢筋锈蚀；构件混凝土的碳化深度较小，碳化尚未到达钢筋位置，混凝土碳化深度对保护层保护钢筋的效能影响轻微或无影响；盖梁及立柱混凝土电阻率均大于 20kΩ · cm，由此引发钢筋锈蚀的可能性及速率很慢；拱片混凝土电阻率在 15～20kΩ · cm 之间，由此引发钢筋锈蚀的可能性及速率慢；拱片、盖梁及立柱混凝土氯离子含量小于 0.15%，对诱发钢筋锈蚀的可能性很小。

2.5 承载能力检算分析

根据桥梁实际的通行车辆荷载，确定对大桥的检算荷载等级按现行桥梁荷载等级公路—Ⅰ级进行。

2.5.1 建立有限元模型

采用结构计算软件建立计算模型，对桥梁进行结构计算。计算模型如图 2-36 所示，上部主要承重构件控制截面如图 2-37 所示，其中截面 1 为外弦杆跨中截面，截面 2 为小节点，截面 3 为内弦杆跨中截面，截面 4 为大节点，截面 5 为拱肋实腹段跨中截面，截面 6

为拱腿截面，各种荷载作用下模型内力云图如图 2-38～图 2-40 所示。

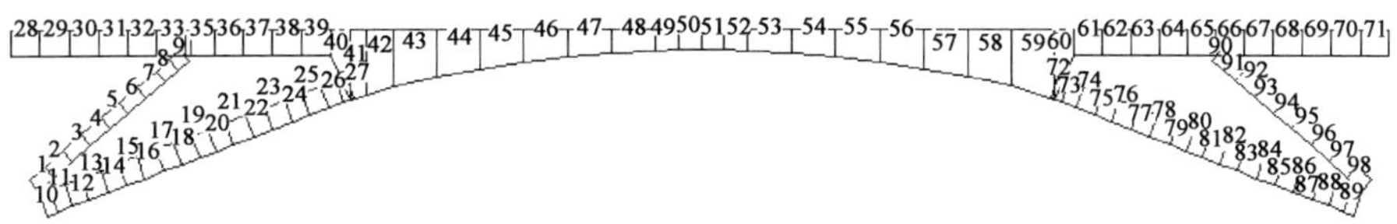

图 2-36　全桥计算模型图

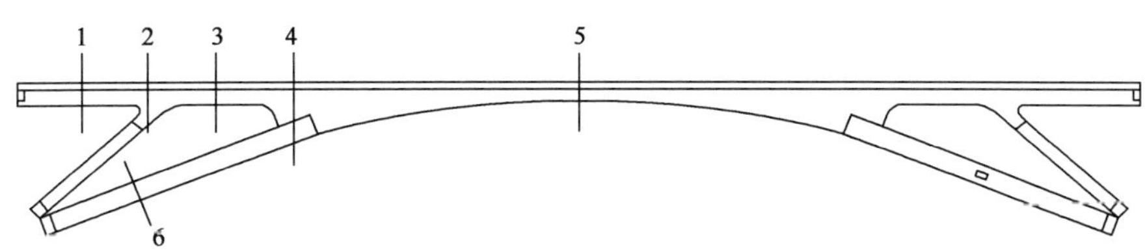

图 2-37　主要承重构件各控制截面

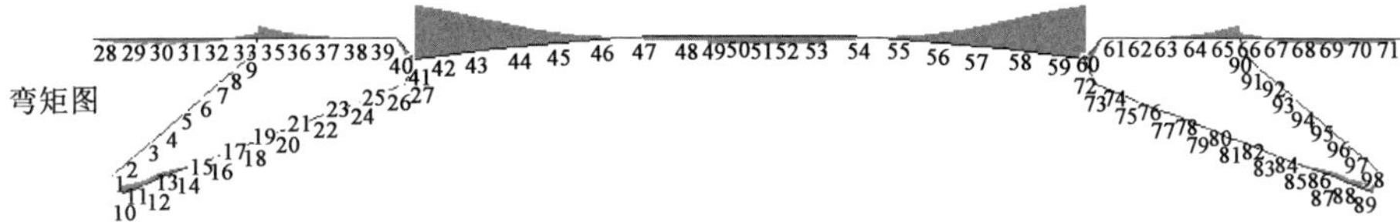

图 2-38　使用阶段结构重力内力图

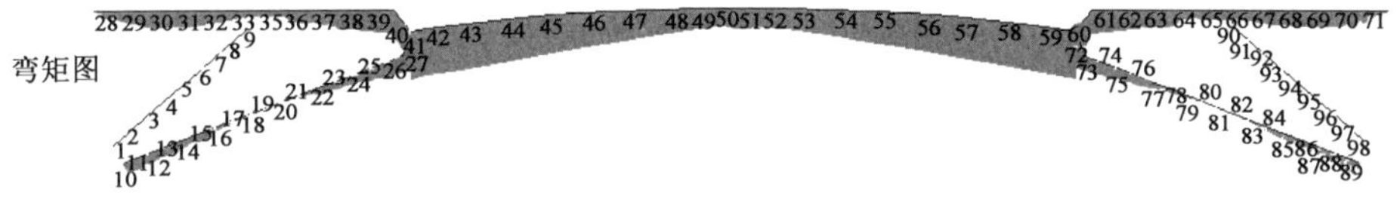

图 2-39　使用阶段汽车最大弯矩内力图

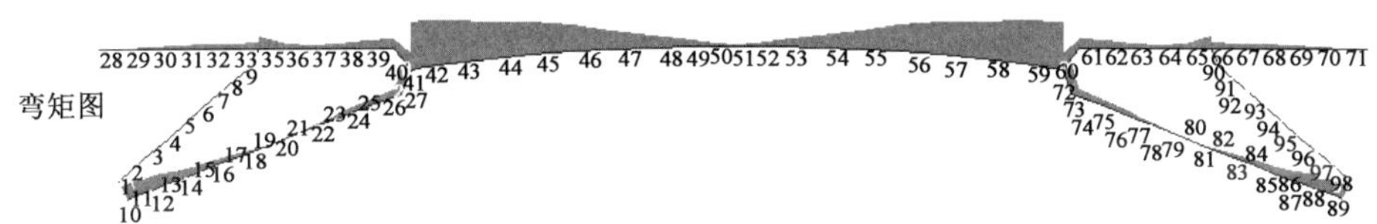

图 2-40　使用阶段弯矩最小内力图

2.5.2　横向分布系数计算

在对称加载和偏载的情况下，通过理论计算该桥各拱片横向分布系数见表 2-27。

横向分布系数表　　表 2-27

梁　　号	双车道偏载加载	双车道对称加载
1	0.712	0.184
2	0.612	0.321

续上表

梁　号	双车道偏载加载	双车道对称加载
3	0.377	0.495
4	0.163	0.495
5	0.082	0.321
6	0.054	0.184

2.5.3　上部恒载计算

该桥横向共计 6 片拱肋，恒载计算为单片拱肋每延米所承受的恒载集度。

(1)微弯板恒载：

$$g_1=(0.553\times18+0.327\times2)\times25\div47.536=5.579\text{kN/m}$$

(2)横系梁恒载：

$$g_2=(0.2\times25\times14+0.43\times25\times2)\div47.536=1.925\text{kN/m}$$

(3)桥面铺装恒载：

$$g_3=(141.4+93.05)\times25\div6\div47.536=20.55\text{kN/m}$$

(4)护栏恒载：

$$g_4=0.4\times25\times47.536\times2\div6\div47.536=3.333\text{kN/m}$$

由此得单片拱肋每延米总恒载：

$$g=g_1+g_2+g_3+g_4=0.223+1.925+20.55+3.333=25.031\text{kN/m}$$

2.5.4　各控制截面内力计算

本次检算控制截面 1～6 号分别为计算模型中 31 单元左截面、35 单元左截面、38 单元左截面、42 单元左截面、51 单元左截面、19 单元左截面。横向分布系数沿桥纵向变化为 0.712→0.495→0.712。通过模型计算，各控制截面内力见表 2-28～表 2-33。

31 号单元左截面总内力和位移　　表 2-28

荷载类型	轴力(kN)	剪力(kN)	弯矩(kN·m)	水平位移(m)	竖向位移(m)	转角位移(rad)
结构重力	0.0	−19.0	115	3.34×10^{-3}	-3.97×10^{-3}	-7.79×10^{-4}
收缩荷载	0.0	5.06	15.2	3.13×10^{-3}	-2.44×10^{-3}	-7.78×10^{-4}
徐变荷载	0.0	-1.51×10^{-2}	-4.54×10^{-2}	2.33×10^{-3}	-2.82×10^{-3}	-5.44×10^{-4}
汽车 M_{max}	0.0	−184	414	-7.13×10^{-3}	4.37×10^{-3}	1.31×10^{-3}
汽车 M_{min}	0.0	−36.7	−94.4	8.21×10^{-3}	-5.19×10^{-3}	-1.51×10^{-3}
汽车 Q_{max}	0.0	160	406	-7.13×10^{-3}	4.37×10^{-3}	1.31×10^{-3}
汽车 Q_{min}	0.0	−211	400	4.56×10^{-3}	-5.65×10^{-3}	-1.13×10^{-3}
汽车 N_{max}	0.0	0.0	0.0	8.23×10^{-3}	-5.1×10^{-3}	-1.51×10^{-3}
汽车 N_{min}	0.0	0.0	0.0	-7.13×10^{-3}	4.37×10^{-3}	1.31×10^{-3}

35 号单元左截面总内力和位移　　表 2-29

荷载类型	轴力(kN)	剪力(kN)	弯矩(kN·m)	水平位移(m)	竖向位移(m)	转角位移(rad)
结构重力	347	137	−227	3.3×10^{-3}	-5.38×10^{-3}	-6.51×10^{-4}
收缩荷载	−24.7	−15.0	41.5	2.62×10^{-3}	-4.69×10^{-3}	-6.05×10^{-4}
徐变荷载	2.93×10^{-2}	5.4×10^{-4}	−0.15	2.32×10^{-3}	-3.78×10^{-3}	-4.57×10^{-4}
汽车 M_{max}	−103	−88.8	85.6	-6.9×10^{-3}	9.00×10^{-3}	1.49×10^{-3}
汽车 M_{min}	345	264	−298	7.03×10^{-3}	-9.66×10^{-3}	-2.12×10^{-3}
汽车 Q_{max}	433	405	−50.7	-7.13×10^{-3}	9.34×10^{-3}	1.44×10^{-3}
汽车 Q_{min}	−107	−91.2	85.2	8.23×10^{-3}	-1.1×10^{-2}	-1.83×10^{-3}
汽车 N_{max}	434	383	−165	8.23×10^{-3}	-1.1×10^{-2}	-1.83×10^{-3}
汽车 N_{min}	−107	91.2	85.2	-7.13×10^{-3}	9.34×10^{-3}	1.44×10^{-3}

38 号单元左截面总内力和位移　　表 2-30

荷载类型	轴力(kN)	剪力(kN)	弯矩(kN·m)	水平位移(m)	竖向位移(m)	转角位移(rad)
结构重力	347	30.1	6.71	3.1×10^{-3}	-8.89×10^{-3}	-1.48×10^{-3}
收缩荷载	−24.7	−15.0	−0.343	2.19×10^{-3}	-6.14×10^{-3}	-4.75×10^{-4}
徐变荷载	2.93×10^{-2}	5.4×10^{-4}	−0.148	2.19×10^{-3}	-6.3×10^{-3}	-1.07×10^{-3}
汽车 M_{max}	364	288	428	-7.1×10^{-3}	1.38×10^{-2}	1.26×10^{-3}
汽车 M_{min}	−71.2	−84.2	−140	7.47×10^{-3}	-1.78×10^{-2}	-2.11×10^{-3}
汽车 Q_{max}	365	288	396	-7.1×10^{-3}	1.38×10^{-2}	1.26×10^{-3}
汽车 Q_{min}	251	−113	295	7.48×10^{-3}	-1.78×10^{-2}	-2.11×10^{-3}
汽车 N_{max}	434	8.13	133	8.18×10^{-3}	-1.73×10^{-2}	-1.87×10^{-3}
汽车 N_{min}	−107	−91.2	−139	-7.11×10^{-3}	1.38×10^{-2}	1.26×10^{-3}

42 号单元左截面总内力和位移　　表 2-31

荷载类型	轴力(kN)	剪力(kN)	弯矩(kN·m)	水平位移(m)	竖向位移(m)	转角位移(rad)
结构重力	1.96×10^{3}	475	−945	1.93×10^{-3}	-1.34×10^{-2}	-1.43×10^{-3}
收缩荷载	−28.4	1.7×10^{-4}	10.3	1.33×10^{-3}	-7.71×10^{-3}	-5.63×10^{-4}
徐变荷载	−0.47	-2.32×10^{-3}	1.47	1.37×10^{-3}	-9.54×10^{-3}	-1.02×10^{-3}
汽车 M_{max}	408	−56.6	1.17×10^{3}	-5.58×10^{-3}	1.41×10^{-2}	5.63×10^{-4}
汽车 M_{min}	754	224	-1.27×10^{3}	5.67×10^{-3}	-1.72×10^{-2}	-1.44×10^{-3}
汽车 Q_{max}	586	348	449	-6.72×10^{-3}	1.68×10^{-2}	4.77×10^{-4}
汽车 Q_{min}	365	−91.0	1.14×10^{3}	7.42×10^{-3}	-2.22×10^{-2}	-9.67×10^{-4}
汽车 N_{max}	778	232	−909	7.42×10^{-3}	-2.22×10^{-2}	-9.61×10^{-4}
汽车 N_{min}	0.0	0.0	0.0	-6.72×10^{-3}	1.68×10^{-2}	4.7×10^{-4}

51 号单元左截面总内力和位移 表 2-32

荷载类型	轴力(kN)	剪力(kN)	弯矩(kN·m)	水平位移(m)	竖向位移(m)	转角位移(rad)
结构重力	1.96×10^{3}	3.47×10^{-2}	153	-1.9×10^{-5}	-3.73×10^{-2}	-5.85×10^{-6}
收缩荷载	−28.4	1.7×10^{-4}	32.0	-3.55×10^{-8}	-1.28×10^{-2}	1.54×10^{-8}
徐变荷载	−0.47	-2.32×10^{-3}	1.81	-1.62×10^{-5}	-2.68×10^{-2}	-4.72×10^{-6}
汽车 M_{max}	516	99.9	3.49×10^{-3}	4.56×10^{-3}	-6.18×10^{-3}	3.51×10^{-3}
汽车 M_{min}	305	−43.4	−35.2	-4.56×10^{-3}	-6.19×10^{-3}	-3.51×10^{-3}
汽车 Q_{max}	486	149	301	2.6×10^{-3}	1.02×10^{-3}	1.57×10^{-3}
汽车 Q_{min}	486	−149	302	2.44×10^{-6}	-1.69×10^{-2}	1.8×10^{-6}
汽车 N_{max}	541	−101	273	4.67×10^{-3}	-4.41×10^{-3}	3.42×10^{-3}
汽车 N_{min}	0.0	0.0	0.0	-4.68×10^{-3}	-4.43×10^{-3}	-3.42×10^{-3}

19 号单元左截面总内力和位移 表 2-33

荷载类型	轴力(kN)	剪力(kN)	弯矩(kN·m)	水平位移(m)	竖向位移(m)	转角位移(rad)
结构重力	1.73×10^{3}	11.5	−0.976	8.4×10^{-5}	-5.38×10^{-3}	-1.28×10^{-3}
收缩荷载	1.77	15.3	−22.8	1.84×10^{-4}	-2.93×10^{-3}	-8.23×10^{-4}
徐变荷载	−0.469	0.173	0.204	6.76×10^{-5}	-3.86×10^{-3}	-9.11×10^{-4}
汽车 M_{max}	534	−54.8	29.2	-2.87×10^{-3}	7.4×10^{-3}	1.97×10^{-3}
汽车 M_{min}	688	36.8	−65.3	3.21×10^{-3}	-1.01×10^{-2}	-2.57×10^{-3}
汽车 Q_{max}	173	91.7	−17.0	-2.87×10^{-3}	7.4×10^{-3}	1.97×10^{-3}
汽车 Q_{min}	743	−63.7	20.0	3.21×10^{-3}	-1.01×10^{-2}	-2.57×10^{-3}
汽车 N_{max}	921	−23.0	−29.1	3.21×10^{-3}	-1.01×10^{-2}	-2.57×10^{-3}
汽车 N_{min}	−220	26.3	−15.3	-2.89×10^{-3}	7.35×10^{-3}	1.95×10^{-3}

2.5.5 各控制截面荷载组合及计算结果

(1)1～6 号控制截面荷载组合见表 2-34～表 2-39。

31 号单元承载能力极限状态荷载组合Ⅰ组合内力 表 2-34

组合类型	内力	最大轴力(kN)	最小轴力(kN)	最大剪力(kN)	最小剪力(kN)	最大弯矩(kN·m)	最小弯矩(kN·m)
左截面	轴力	0.0	0.0	0.0	0.0	0.0	0.0
	剪力	−22.8	−19.0	211	−318	−276	−70.4
	弯矩	138	115	698	698	733	−17.2

35 号单元承载能力极限状态荷载组合Ⅰ组合内力 表 2-35

组合类型	内力	最大轴力(kN)	最小轴力(kN)	最大剪力(kN)	最小剪力(kN)	最大弯矩(kN·m)	最小弯矩(kN·m)
左截面	轴力	1.02×10^3	173	1.02×10^3	173	178	899
	剪力	700	−5.71	731	−5.7	−2.32	534
	弯矩	−503	−66.1	−343	−66.1	−65.6	−689

38 号单元承载能力极限状态荷载组合Ⅰ组合内力 表 2-36

组合类型	内力	最大轴力(kN)	最小轴力(kN)	最大剪力(kN)	最小剪力(kN)	最大弯矩(kN·m)	最小弯矩(kN·m)
左截面	轴力	1.02×10^3	173	927	674	927	223
	剪力	47.5	−113	439	−143	439	−103
	弯矩	194	−188	563	420	607	−190

42 号单元承载能力极限状态荷载组合Ⅰ组合内力 表 2-37

组合类型	内力	最大轴力(kN)	最小轴力(kN)	最大剪力(kN)	最小剪力(kN)	最大弯矩(kN·m)	最小弯矩(kN·m)
左截面	轴力	3.44×10^3	1.93×10^3	3.17×10^3	2.44×10^3	2.5×10^3	3.41×10^3
	剪力	894	475	1.06×10^3	347	395	883
	弯矩	-2.41×10^3	−933	−506	660	708	-2.91×10^3

51 号单元承载能力极限状态荷载组合Ⅰ组合内力 表 2-38

组合类型	内力	最大轴力(kN)	最小轴力(kN)	最大剪力(kN)	最小剪力(kN)	最大弯矩(kN·m)	最小弯矩(kN·m)
左截面	轴力	3.11×10^3	1.93×10^3	3.04×10^3	2.61×10^3	3.05×10^3	2.39×10^3
	剪力	−141	3.26×10^{-2}	209	−209	140	−60.7
	弯矩	565	187	605	609	705	104

19 号单元承载能力极限状态荷载组合Ⅰ组合内力 表 2-39

组合类型	内力	最大轴力(kN)	最小轴力(kN)	最大剪力(kN)	最小剪力(kN)	最大弯矩(kN·m)	最小弯矩(kN·m)
左截面	轴力	3.35×10^3	1.42×10^3	2.32×10^3	2.77×10^3	2.48×10^3	3.04×10^3
	剪力	−2.93	48.4	158	−77.6	−65.2	80.8
	弯矩	−64.5	−22.4	−47.5	27.1	39.9	−115

(2)各控制截面内力组合与相应抗力值计算结果见表 2-40。

综合各控制截面内力组合与各截面对应抗力值,见表 2-40,通过该表可以看出,1 号、2 号、4 号、5 号不满足公路—Ⅰ级检算荷载的通行要求。

各控制截面内力组合与各截面对应抗力值 表 2-40

控制截面	模型截面	荷载组合(kN·m)	截面抗力(kN·m)	是否满足
1号	31单元(左)	733	573	否
2号	35单元(左)	−689	−583	否
3号	38单元(左)	607	640	是
4号	42单元(左)	−2 910	−2 010	否
5号	51单元(左)	705	575	否
6号	19单元(左)	−115	−186	是

2.5.6 承载能力评定

承载能力极限状态评定是基于桥梁外观检查和有关无损检测的结果对桥梁承载能力进行评定。根据桥梁外观检测结果、构件材质强度变异和模态参数确定检算系数 Z_1；结合无损检测结果，从耐久性的角度引入承载能力恶化系数 ξ_e；考虑裂缝、混凝土碳化及钢筋锈蚀引起的结构有效截面折减系数，引入混凝土折减系数 ξ_c 和钢筋折减系数 ξ_s；承载能力评定时引入以上各检算和折减系数，对结构抗力效应进行修正，并通过比较判定结构的承载能力状况。

2.5.6.1 检算和折减系数的确定

(1)承载能力检算系数(Z_1)的确定

综合考虑桥梁上部结构表观缺损状况(权重0.4)、材质强度(权重0.3)和固有模态(权重0.3)等检测评定结果，根据表2-41确定构件技术状况评定值 $D=2.1$。

根据技术状况评定值 D 得到的承载能力检算系数 Z_1 为0.99。

桥跨结构技术状况评定表 表 2-41

检测指标	评定标度值 D_j	权重 α_j
桥梁外观质量	3(较差状态)	0.4
材质强度	1(良好状态)	0.3
结构模态参数	2(较好状态)	0.3
技术状况评定值 $D=3\times0.4+1\times0.3+2\times0.3=2.1$		

(2)承载能力恶化系数(ξ_e)的确定

根据上部结构表观状况、构件材质强度、钢筋锈蚀电位、混凝土电阻率、混凝土中氯离子含量、混凝土碳化深度、钢筋保护层厚度等的检测评定结果，采用考虑各检测指标影响权重的综合评定方法，根据表2-41计算构件的恶化状况评定值 $E=1.6$，最后根据不同环境条件，取用承载能力恶化系数，构件恶化状况评定方法见表2-42。根据现场检查情况分别对以上各检测指标给出评定标度值，得到承载能力恶化系数 $\xi_e=0.062$。

构件恶化状况评定方法 表 2-42

检 测 指 标	评定标度值 E_j	权重 α_j
混凝土表观状况	2(较好状态)	0.32
钢筋锈蚀电位	2(锈蚀活动不明显)	0.11
混凝土电阻率	2(可能的锈蚀速度慢)	0.05
混凝土碳化深度	1(碳化层深度＜保护层厚度)	0.20
钢筋保护层厚度	2(有影响)	0.12
混凝土中氯离子含量	1(很小)	0.15
混凝土强度推定值	1(良好状态)	0.05
恶化状况评定值 $E=2\times0.32+2\times0.11+2\times0.05+1\times0.20+2\times0.12+1\times0.15+1\times0.05=1.6$		
环境条件为：干湿交替、冻、无侵蚀介质		

(3)截面折减系数(ξ_c、ξ_s)的确定

由于材料风化、碳化、物理与化学损伤引起的结构构件有效截面损失(ξ_c)以及由于钢筋腐蚀剥落造成的钢筋有效截面的损失(ξ_s)，考虑以上因素对结构截面抗力效应的影响。

根据现场检查情况分别对以上各检测指标给出评定标度值，根据表 2-43 计算得到构件截面损伤的综合评定值 R，见表 2-43。

截面损失评定表 表 2-43

检 测 指 标	评定标度值 R_j	权重 α_j
材料风化	1(微风化)	0.10
混凝土碳化深度	1(碳化深度＜保护层厚)	0.35
物理与化学损伤	2(构件表面存在剥落现象)	0.55
构件截面损伤的综合评定值 $R=1\times0.10+1\times0.35+2\times0.55=1.55$		

根据截面损伤的综合评定值 $R=1.55$，得出截面折减系数 $\xi_c=0.991$。

(4)活载修正影响系数ζ_q的确定

通过实际调查重载交通桥梁的典型代表交通量、大吨位车辆混入率、轴荷分布，按下式确定活载影响修正系数ζ_q值：

$$\zeta_q=\sqrt[3]{\zeta_{q1}\zeta_{q2}\zeta_{q3}}$$

式中：ζ_q——活载影响修正系数；

ζ_{q1}——对应于交通量的活载影响修正系数；

ζ_{q2}——对应于大吨位车辆混入率的活载影响修正系数；

ζ_{q3}——对应于轴荷分布的活载影响修正系数。

通过现场了解以及当地养护部门介绍，该桥设计荷载为汽车—20 级，大吨位车辆混入率较高，但本次检算荷载偏安全的采用公路—Ⅰ级，故ζ_q取值为 1。

2.5.6.2 承载能力评定

对于配筋混凝土桥梁，采用荷载效应最不利组合设计值小于或等于结构抗力效应设计值的方程式进行评定，计算中引入了承载能力检算系数 Z_1、承载能力恶化系数 ξ_e、截面折减系数(ξ_c,ξ_s)以及活载修正影响系数ζ_q。

计算结果如表 2-44 所示。

考虑折减后各控制截面内力组合与对应抗力值　　表 2-44

控制截面	模型截面	荷载组合(kN·m)	截面抗力(kN·m)	是否满足
1号	31单元(左)	733	527	否
2号	35单元(左)	−689	−536	否
3号	38单元(左)	607	589	否
4号	42单元(左)	−2 910	−1 849	否
5号	51单元(左)	705	529	否
6号	19单元(左)	−115	−171	是

大桥上部结构各控制截面的抗力在考虑检算和折减系数后，1、2、3、4、5 号截面均不能满足公路—Ⅰ级检算荷载的通行要求。

2.6 结论及建议

2.6.1 结论

通过对大桥的全面质量检测以及对质量检测结果的评价分析，可以得到如下结论：

2.6.1.1 技术状况评定结果

该桥结构技术状况评分为 44 分，但依据重要构件缺损评定原则，最终评定为五类，需进行维修加固或改造，以保证桥梁运营的安全性和耐久性。

2.6.1.2 通过本次质量检测发现存在的主要问题

(1)全桥拱肋实腹段跨中部位出现多道竖向裂缝，跨中连接钢板焊缝部分开焊。

(2)全桥 100%拱肋弦杆均出现竖向、斜向裂缝，缝宽在 0.08～0.20mm 之间，其中 3 号孔 3 号拱肋低桩号侧外弦杆 1 道自上而下的斜向开裂，缝长 85cm，宽度 2.5mm，已超出养护规范限值。

(3)全桥主、次节点处混凝土均存在径向裂缝，缝宽在 0.20～0.40mm 之间；主节点处 60%的现浇段混凝土出现斜向开裂；主节点钢板连接处外包混凝土胀裂脱落、钢板外露锈蚀。

(4)微弯板底存在网状裂缝的有 26 块，其中，2 号孔 4 号肋与 5 号肋之间 10 号微弯板甚至出现碎裂现象;微弯板底存在纵向开裂的有11.3%;微弯板肋板开裂的有39.9%;微弯板板底存在水浸泛白的有11.3%。

(5)全桥横系梁存在缺失、错位、外包混凝土脱落及连接钢板开焊现象。

(6)桥面铺装在拱肋及微弯板跨中位置出现了多道纵向、横向裂缝,局部出现网裂现象,其中,3号孔低桩号端行车道位置由于弦杆断裂导致铺装开裂塌陷,2号墩顶伸缩缝型钢断裂,与相邻桥面错位高差达6cm。

(7)两桥台腹孔板间铰缝存在不同程度勾缝砂浆脱落、渗水泛白;0号桥台台身出现一条竖向贯通裂缝;两桥台腹孔板间铰缝质量较差,沿绞缝位置出现多道纵裂,铺装混凝土破碎使部分主板处于单板受力状态。

2.6.1.3 承载能力评定

本次承载力检算主要依据大桥的竣工图纸,根据该桥实际通行荷载确定检算荷载为公路—Ⅰ级,通过对上部主要承重构件的承载力检算分析可以得出以下结论:

在对原截面进行折减后的承载能力极限状态下,大桥内外弦杆跨中、大小节点、实腹段跨中截面均不满足公路—Ⅰ级荷载等级的通行要求。

2.6.2 建议

通过对该桥进行质量检测以及对检测结果的综合分析评定,从桥梁的耐久性和安全性考虑,建议对该桥进行改造。

第3章　场地建设及钢材加工

3.1　场地建设及功能分区

3.1.1　场地建设

根据该工程所在地的实际情况，所有社会车辆均绕行桥梁建设工地，所以将工程建设主场地设置在桥梁两端的路面上，主要用于施工现场的钢筋、钢板及型钢的加工，并作为其他施工机具及材料的临时堆放场地。

箱梁预制场地在桥梁附近另外设置，预制场及混凝土拌和站占地约10 000m^2，场地平整压实后，用20cm水泥稳定砂砾＋18cm水泥混凝土硬化。四周排水通畅，混凝土拌和站设沉淀池，以确保废水净化后排放。

3.1.2　功能分区

(1)钢材加工区：钢材、半成品及成品垫高堆放，并有效覆盖，以防钢材锈蚀。

①钢筋加工区采用简易钢结构搭设防雨棚，并做部分围挡，起到防风的作用，以保证钢筋的焊接质量。

②金属波纹管设专区水平堆放，并有效覆盖，避免受压和磕碰。

③钢护筒成型后设专区堆放，筒内用十字架支撑，以防变形。

(2)混凝土拌和站：砂、碎石等材料严格分级堆放，中间采用隔墙有效分隔。

(3)预制场：底模采用C30混凝土浇筑，并留出捆绑吊装的槽口，混凝土底模成型后，铺设4mm钢板，用硅酮密封胶密封钢板接缝，以避免反射裂缝，提高钢筋混凝土预制箱梁的外观质量；龙门吊工作范围覆盖钢筋加工区、预制区和存梁区；预制区合理布设给水管道，通过压力罐将养生用水输送到每个底模，箱梁脱模后以喷雾的方式保湿养生；存梁区枕梁根据箱梁临时支座位置并参考盖梁形式设置，高出预制场地面50cm，存梁时临时支座位置垫方木。

3.2　钢材加工

3.2.1　钢筋

(1)钢筋按图纸要求根据工程进度分批进场，经试验工程师检测合格后方可用于施工。

(2)钢筋根据规格型号分别堆放在堆放场地,随取随用,及时覆盖。

(3)钢筋加工时,下料要准确,严格控制钢筋的尺寸,纵向主筋无论是对焊连接还是搭接焊接,保证焊接质量,接头处轴线偏移不大于0.1倍钢筋直径。主筋间距、箍筋间距严格控制在规范允许的误差以内。同一截面处钢筋接头不超过主筋根数的二分之一,严格控制钢筋接长质量;应避免在最大应力处设置接头,并尽可能使接头交替排列,接头间距相互错开的距离应不小于35d(d为钢筋直径),且不小于500mm。

(4)钢筋在钢筋加工棚集中统一制作成半成品,运输到现场进行绑扎、安装。

(5)钢筋半成品、成品绑扎、安装时应注意与上道工序钢筋的衔接,如有冲突,应适当调整部分钢筋位置,但不能影响结构受力。

(6)钢绞线卷用钢管做支架固定好,支架在钢绞线出料方向做成1m长左右的喇叭口,钢绞线从喇叭口穿出,防止钢绞线弹出伤人。钢绞线下料长度=预应力束设计长度+两端工作长度(65cm)。

(7)钢绞线在硬化的混凝土地面上用砂轮锯切割,严禁用电焊烧断。

(8)预应力束由多根钢绞线组成,将钢绞线逐根理顺编束,每隔1~1.5m捆绑一次,使其绑扎牢固、顺直,整束穿入孔道内。

3.2.2 钢护筒

3.2.2.1 钢护筒制作

钢护筒采用厚度12mm、宽度1.5m的钢板卷制而成,直径2.1m,钢护筒卷制成型后焊接至合适的长度,见图3-1。

钢护筒加工制作完成后用吊车配合托盘车分两节运至岸边,再用运输船配合浮吊运到钻孔平台,打入时根据需要接长。钢护筒的接头采用满焊,并应符合设计的焊缝厚度要求,见图3-2。

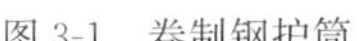

图3-1 卷制钢护筒

图3-2 钢护筒焊接

3.2.2.2 钢护筒就位

在桩基平台上准确安放导向架。复核桩位无误后，进行钢护筒的就位，见图 3-3 和图 3-4。钢护筒采用浮吊就位并分节接长，当第一节护筒安装到高出便桥 80～100cm 时，用工字钢焊 4 个支撑点固定在钻孔平台的工字钢上，再起吊下节接长，在对接时轻微转动，以保证钢护筒衔接顺适。在对接口处平焊具有一定厚度带栓孔的钢板临时固定，用撬棍穿过栓孔撬动，使对接部位吻合后焊接牢固。当钢护筒对接长度满足长度要求后，利用活动导向架上的手动葫芦提起护筒，保持护筒顶面高度在同一水平位置，缓缓放松手动葫芦，使护筒落至河床，检查护筒的平面位置和垂直度，保证钢护筒准确就位。

图 3-3　钢护筒安装 1

图 3-4　钢护筒安装 2

3.2.2.3 振动打入钢护筒

钢护筒准确就位后，用 25t 浮吊将功率为 60kW 的振动打拔桩锤吊起，固定到钢护筒上，通过振动打拔桩锤的振动将钢护筒打入岩层。振动打入时，浮吊应根据护筒下沉情况逐渐放松钢丝绳，待护筒打入到地质资料确定的深度或最终贯入速度达到 5cm/min 后停止，见图 3-5 和图 3-6。在地质中夹有粗砂层的孔位，钢护筒很难一次振动下沉到位，可在下沉停止后，先用钻机开孔钻至护筒底端以下 3m 后，接长钢护筒，再用振动打拔桩

图 3-5　打入钢护筒 1

图 3-6　打入钢护筒 2

锤击打钢护筒，直到护筒底部高程达到预期高程为止，防止施工期间钢护筒沉降导致意外事故发生。护筒顶部一般高出平台 40cm 左右，在平台上焊接工字钢，用以限位固定钢护筒水平位置，以防坍孔或护筒发生沉降时倾斜。

3.2.2.4 钢护筒施工注意事项

(1)护筒中心与垂直度控制

在钢平台施工完毕后，利用 GPS 定位系统在钢平台面板上精确定出钻孔桩桩位中心，以此中心控制导向架平面位置。在钢护筒打入过程中，使用吊线锤交会控制护筒垂直度，将护筒垂直度控制在规范允许范围内。

(2)钢护筒的埋深

钢护筒的埋深根据桥位处的地质情况来确定，严格执行护筒底端地质情况与最终入土速度相符合的规范要求，确保钢护筒在施工中不发生允许范围以外的沉降。钢护筒进入设计地层后，与预期控制贯入速度符合，确认满足要求后，完成单桩钢护筒施工。若钢护筒未进入设计地层，但钢护筒贯入速度小于 5cm/min 时，重新拔起 50cm，复振至原高程后，贯入速度仍小于 5cm/min 时，停止振入，完成单根护筒施工。

第 4 章　钢便桥及钻孔平台

4.1　钢便桥设计方案

钢便桥架设在新建桥梁西侧，便桥宽 6m，长 216m，下部结构采用 ϕ630mm 钢管桩作为基础，2I40b 工字钢作支撑下垫梁及支撑上垫梁，“321”贝雷梁作主梁，I20a 工字钢作分配梁，间距 a=35cm，上铺 10mm 厚钢板作为桥面，在便桥两侧设防护栏杆。每四个标准跨为一联，联间设置伸缩缝，贝雷梁间缝宽 15cm。钢便桥侧面图及断面图分别见图 4-1 和图 4-2。便桥梁底高程位于水库溢洪水位以上 3m。

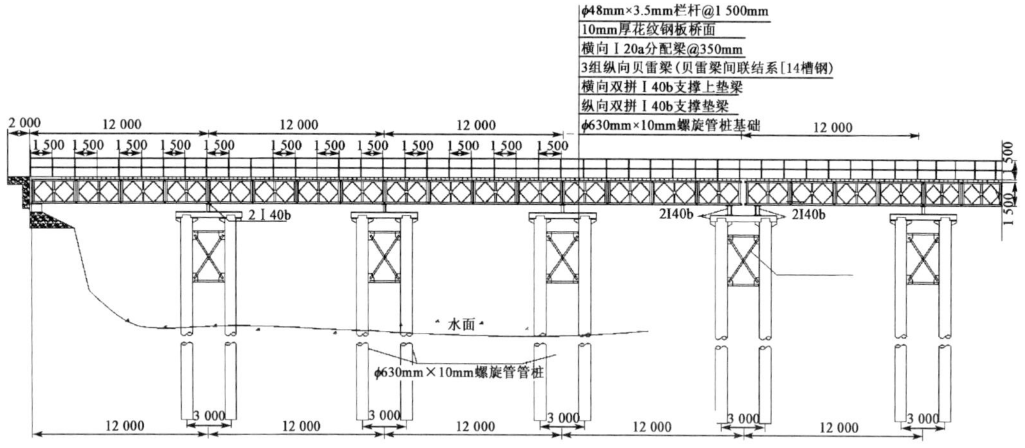

图 4-1　钢便桥侧面图(尺寸单位:mm)

钢管桩规格为 ϕ630mm×10mm×18m。每个钢便桥墩下设 4 根钢管桩，横桥向钢管桩中心间距为 4m，顺桥向钢管桩中心间距为 3m，相邻两根管桩间用槽钢[20a 作斜撑连接，以增强钢管桩基础的整体性和稳定性。

在桩顶上顺桥向布置 2I40b 工字钢作下垫梁，下垫梁上布置 2I40b 工字钢作上垫梁。

便桥主梁采用三组贝雷梁，配 90cm 花架，纵梁跨径为 12m，贝雷梁上弦与分配梁用 U 形螺栓连接。

便桥桥面系采用 I20a 工字钢作分配梁，间距为 35cm，分配梁与贝雷梁用 U 形螺栓进行连接。然后直接在分配梁上满铺 10mm 厚钢板作为桥面。钢板桥面上焊接 ϕ48mm

钢管作为栏杆，高 1.2m。

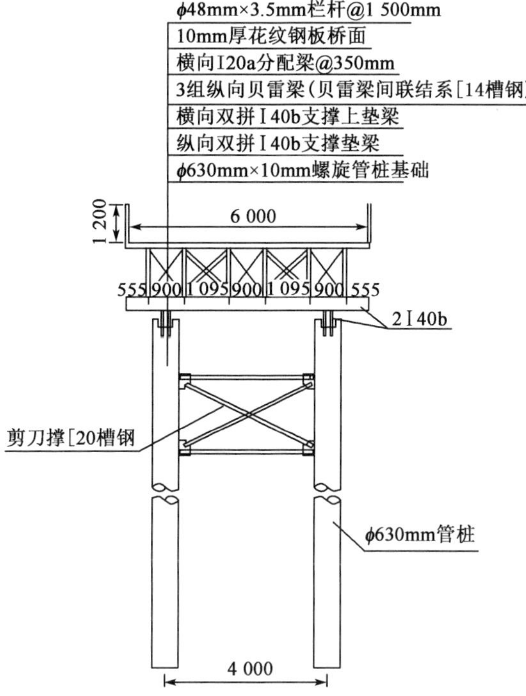

图 4-2　断面图(尺寸单位：mm)

4.2　钢便桥结构计算

4.2.1　设计参数

(1)设计控制荷载：单向重车 55t；

(2)设计速度：10km/h；

(3)设计使用寿命：1 年；

(4)流速：v=1.5m/s；

(5)河床覆盖层：从上到下依次是淤泥质黏土、粗砂及卵砾石、中风化长石石英岩、微风化长石石英岩。

4.2.2　结构设计计算数据

4.2.2.1　上部结构恒重

(1)面层：10mm 钢板；78.5kg/m^2；

(2)横向分配梁:I20a,27.9kg/m;

(3)纵向主梁:贝雷梁,90kg/m;

(4)桩顶分配主梁:2I40b,147.6kg/m。

4.2.2.2 车辆荷载

(1)汽车荷载(轮着地宽度和长度为 0.6m×0.2m)如图 4-3 所示。

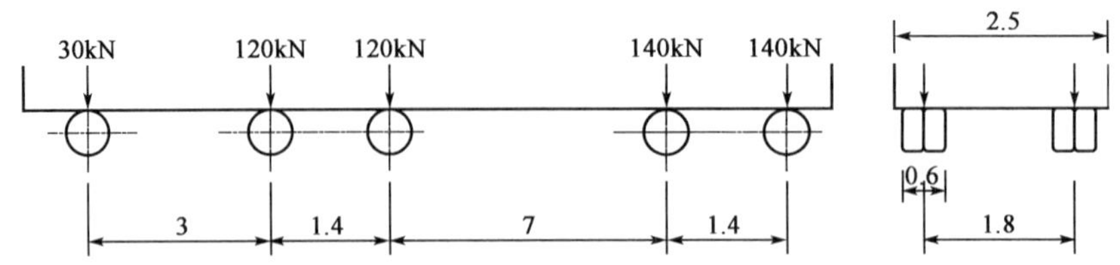

图 4-3 汽车荷载的纵向排列和横向布置(尺寸单位:m)

(2)履带吊(50t,计算时按最大吊重 10t 进行检算)如图 4-4 所示。

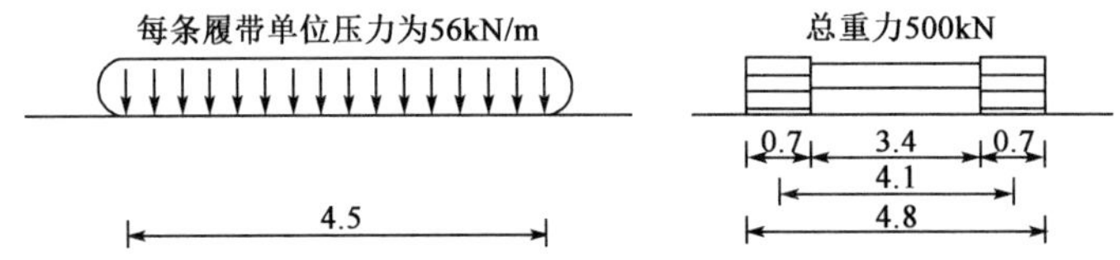

图 4-4 50t 履带吊车荷载的纵向排列和横向布置(尺寸单位:m)

(3)施工荷载及人群荷载:4kN/m^2。平板挂车与履带车的主要技术指标见表 4-1。

平板挂车与履带车的主要技术指标　　表 4-1

主要指标	单位	履带—50	汽车
车辆重力	kN	500	550
履带数或车轴数	个	2	5
各条履带压力或后车轴重力	kN	56kN/m	2×140
履带着地长度或纵向轴距	m	4.5	3+1.4+7+1.4
每个车轴的车轮组数目	组	—	2
履带或车轮横向中距	m	4.1	1.8
履带宽度或每对车轮着地宽和长	m	0.7	0.6×0.2

(4)荷载分项系数。

恒载:1.2,活载:1.4,均由 Midas 计算软件自动考虑。

4.2.3 桥面板计算

车辆最大载质量不大于 55t,钢板厚度为 10mm。

采用 δ=10mm 钢板作桥面,$\sigma_{组合max}$=36.3MPa<[188.5MPa](图 4-5),受力满足要求[根据《公路桥涵钢结构及木结构设计规范》(JTJ 025—86)第 1.2.10 条有:对于临时

结构 Q235 型材有[σ]＝145×1.3＝188.5MPa]。

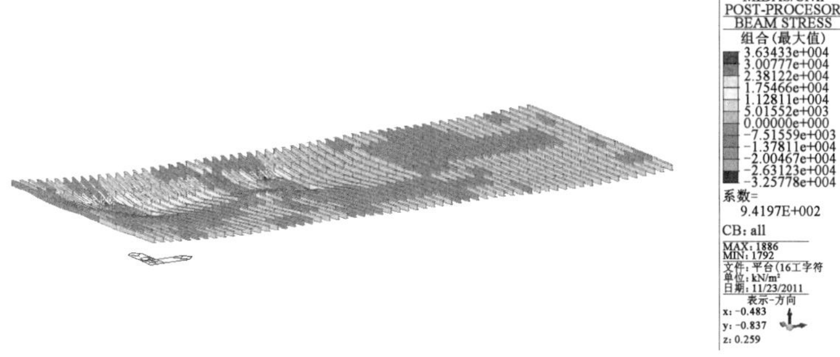

图 4-5　内力(kN/m)及应力图(MPa)

4.2.4　I20 内力

4.2.4.1　汽车荷载(按 55t 车辆进行检算)

单边车轮作用在 I20 跨中时(分配梁跨度取 1m)，I20 弯矩最大，轮压力为简化计算可作为集中力。

荷载分析：

(1)自重均布荷载：0.785×0.35＋0.279＝0.55kN/m。

(2)施工及人群荷载：不考虑与汽车同时作用。

(3)汽车轮压：前轴重 30kN，中轴重为 120kN，后轴重为 140kN，中后轴有 2 组车轮，则单组车轮荷载为 70kN，每个车轮荷载为 35kN。钢面板下背肋 I20 每隔 350mm 间距布置，单个车轮将作用在两根 I20 上，则单根 I20 受到的荷载为：P＝35kN。

内力及组合应力如图 4-6 所示，内力及位移如图 4-7 所示，内力及反力如图 4-8 所示。

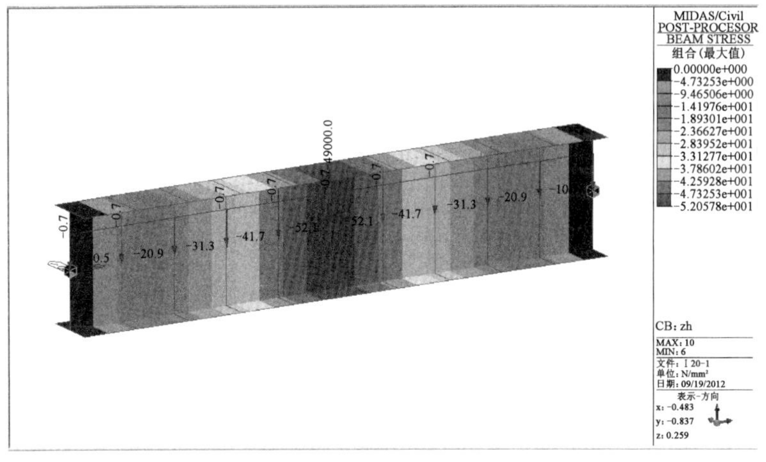

图 4-6　内力(kN/m)及组合应力图(MPa)

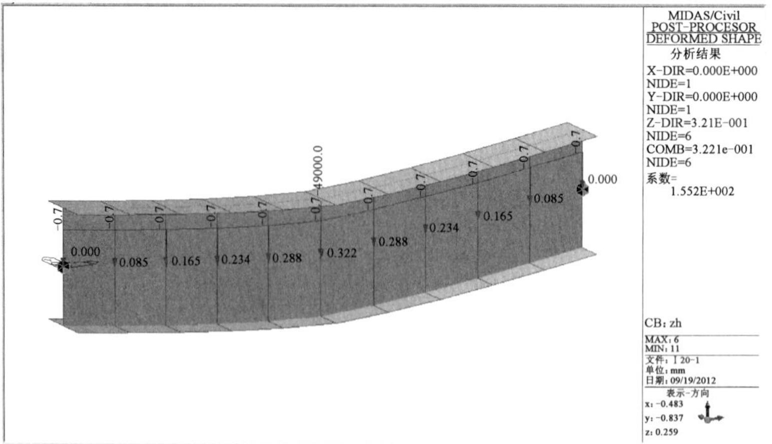

图 4-7　内力(kN/m)及位移图(mm)

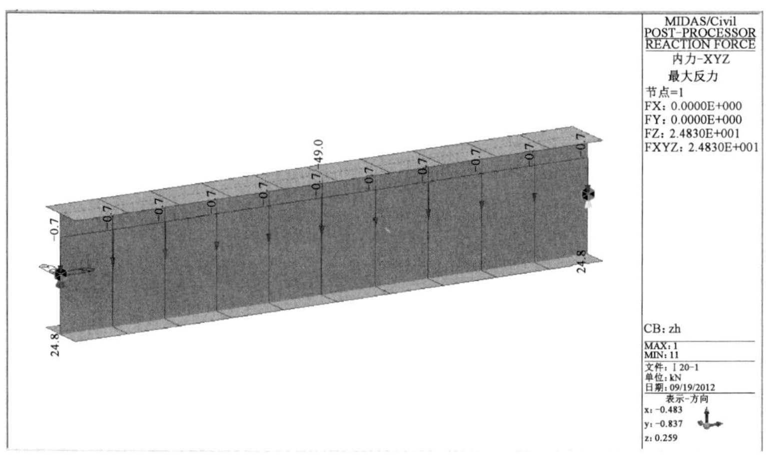

图 4-8　内力(kN/m)及反力图(kN)

4.2.4.2　履带—50

荷载分析：

(1)自重均布荷载：0.785×0.35+0.279=0.55kN/m。

(2)施工及人群荷载：不考虑同时作用。

(3)50t 履带吊轮压：履带宽度为 0.7m，吊重 50t 的履带接地比压为 56kN/m×2/0.7m=160kN/m^2(实际吊重小于 50t)，则每根 I20 承载为 q_1=160×0.35=56kN/m，计算模型如图 4-9～图 4-11 所示。

采用 I20 工字钢作分配梁，$\sigma_{组合max}$=52.1MPa<[188.5MPa]，$h_{变形}$=0.3mm<$L/400$=2.5mm，受力满足要求。F_1=F_2=24.8kN，F_3=F_4=39.5kN。

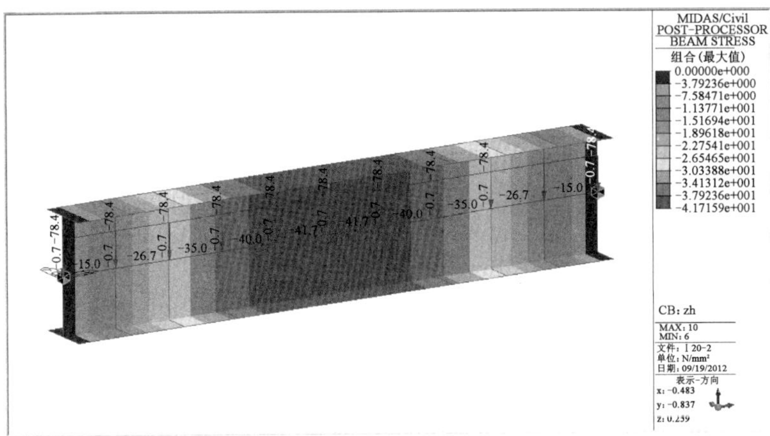

图 4-9　内力(kN/m)及应力图(MPa)

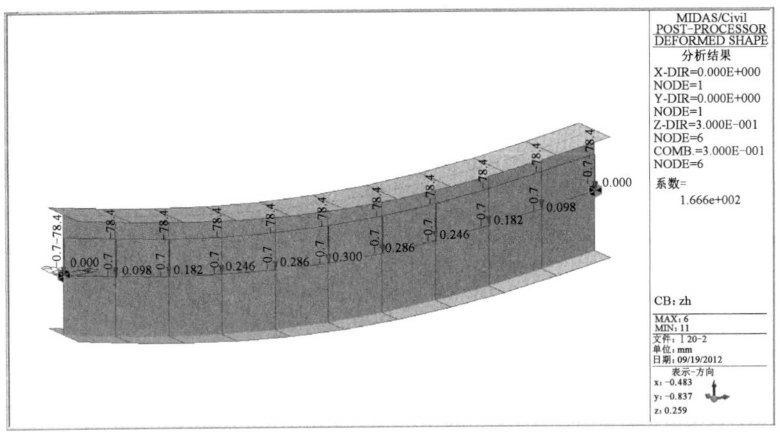

图 4-10　内力(kN/m)及位移图(mm)

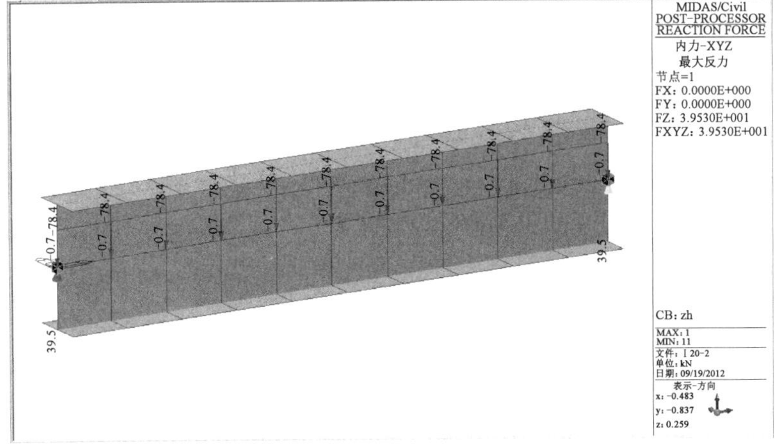

图 4-11　内力(kN/m)及反力图(kN)

4.2.5 贝雷梁内力计算

经分析可知，罐车和 50t 履带吊 10t 吊重作用于桥面上时，履带吊吊重大，且履带吊荷载更集中，并直接作用于跨中和梁端，使得履带吊荷载作用下贝雷梁的受力最不利，因此只对该工况进行计算。

荷载分析：

(1)自重均布荷载：$q_2=(0.785\times6\times12+0.279\times6\times34+0.9\times6\times12)/12=14.9\text{kN/m}$；则作用在一片贝雷片上荷载 $q_3=q_2/6=2.5\text{kN/m}$。

(2)履带吊轮压：$(500+100)/4.5=133.3\text{kN/m}$，则作用在一片贝雷片上荷载 $133.3/6=22.2\text{kN/m}$，贝雷梁受到荷载利用 Midas 建立受力模型。

履带吊在栈桥跨中的受力模型如图 4-12～图 4-14 所示。

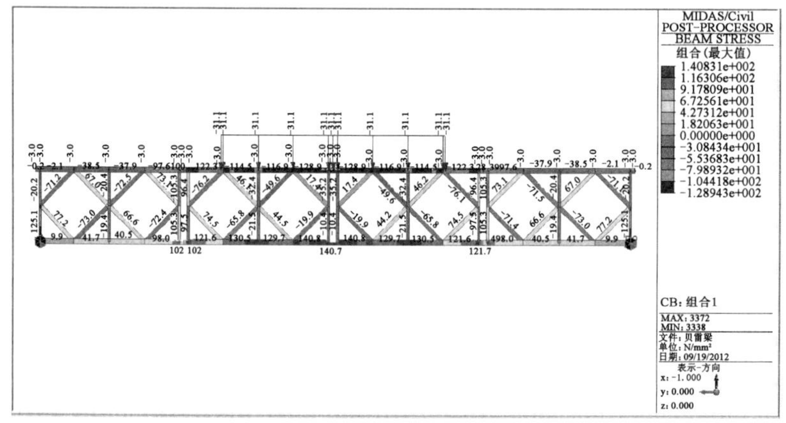

图 4-12　内力(kN/m)及应力图(MPa)

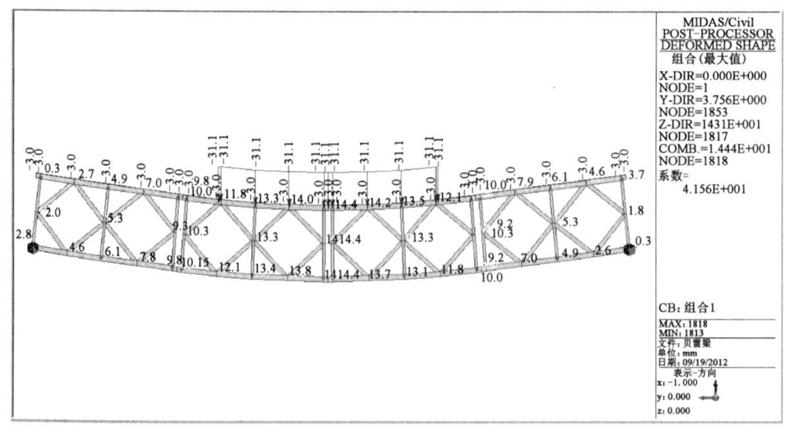

图 4-13　内力(kN/m)及位移图(mm)

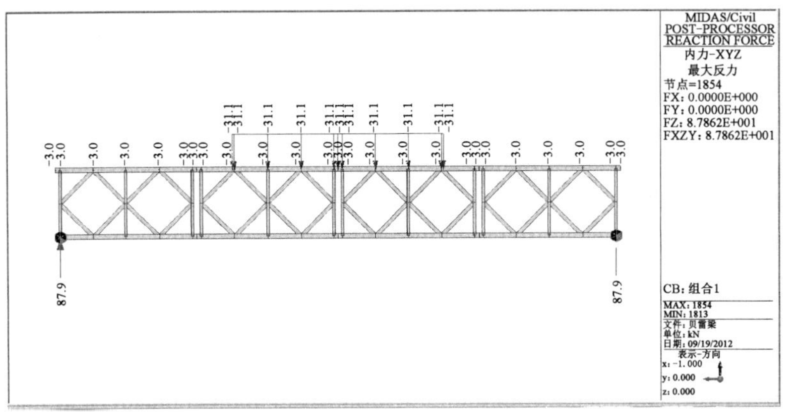

图 4-14 内力(kN/m)及反力图(kN)

履带吊在栈桥梁端的受力模型如图 4-15～图 4-17 所示。

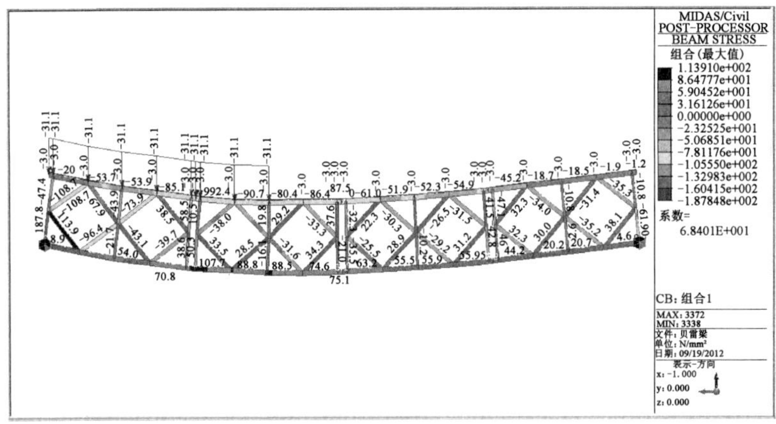

图 4-15 内力(kN/m)及应力图(MPa)

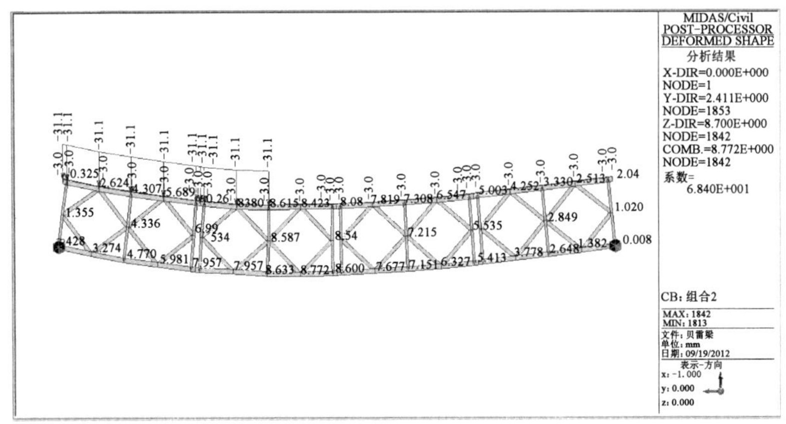

图 4-16 内力(kN/m)及位移图(mm)

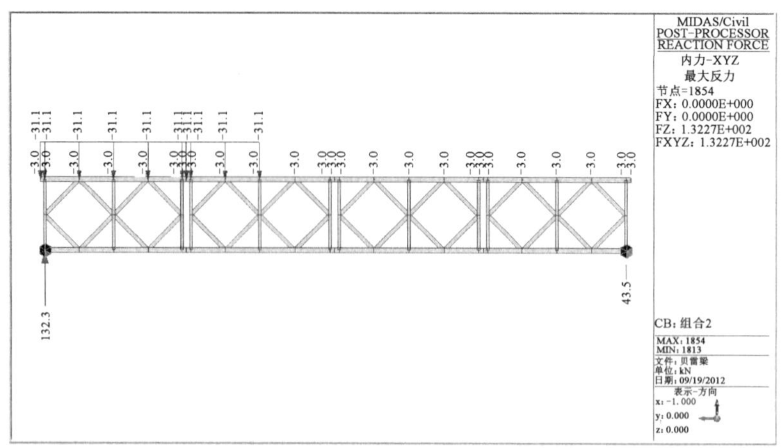

图 4-17　内力(kN/m)及反力图(kN)

采用 6 片贝雷梁作主梁，$\sigma_{组合max}=187.5\text{MPa}<[273\text{MPa}]$[贝雷梁材质为 16Mnq，根据《公路桥涵钢结构及木结构设计规范》(JTJ 025—86)第 1.2.10 条有：对于临时结构 16Mnq 钢有$[\sigma]=210\times1.3=273\text{MPa}$]，$h_{变形}=14.3\text{mm}<L/400=30\text{mm}$，受力满足要求。$F_5=F_6=87.9\text{kN}$，$F_7=132.3\text{kN}$，$F_8=43.5\text{kN}$。

4.2.6　2 I40b 垫梁内力

4.2.6.1　桩顶下垫梁

对于桩顶垫梁受力最不利情况：履带—50 沿栈桥的边侧在桩顶吊装物体时，主梁反力最大，将最大支反力 $F_7=132.3\text{kN}$ 布置在桩顶垫梁上进行受力分析，如图 4-18～图 4-20 所示。

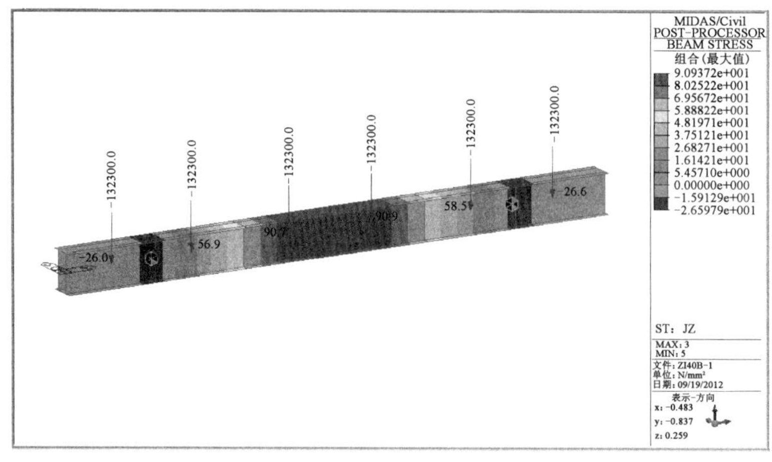

图 4-18　内力(kN/m)及组合应力图(MPa)

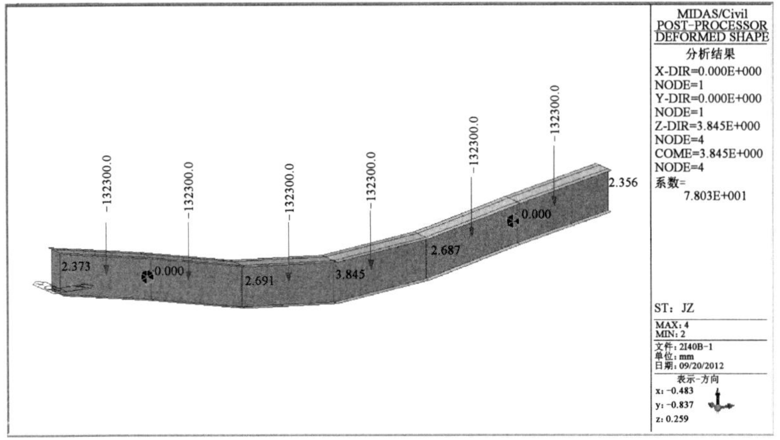

图 4-19　内力(kN/m)及位移图(mm)

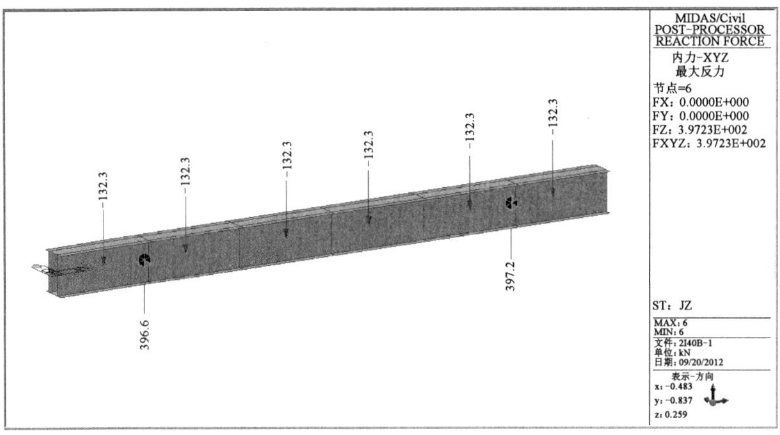

图 4-20　内力(kN/m)及反力图(kN)

采用 2I40b 工字钢作垫梁，$\sigma_{max}=90.9\text{MPa}<[188.5\text{MPa}]$，$h_{变形}=3.8\text{mm}<L/400=10\text{mm}$，受力满足要求。$F_8=396.6\text{kN}$，$F_9=397.2\text{kN}$。

4.2.6.2　桩顶下垫梁

桩顶下垫梁内力及应力、内力及位移、内力及反力分别如图 4-21～图 4-23 所示。

采用 2I40b 工字钢作垫梁，$\sigma_{max}=112.1\text{MPa}<[188.5\text{MPa}]$，$h_{变形}=2.8\text{mm}<L/400=7.5\text{mm}$，受力满足要求。$F_{10}=F_{11}=198.6\text{kN}$。

4.2.7　钢管桩计算

4.2.7.1　横桥向荷载受力情况及桩顶位移计算

1)汽车荷载

根据结构布载最不利情况，对下横梁的内力进行分析。横桥向布载简图见图 4-24。

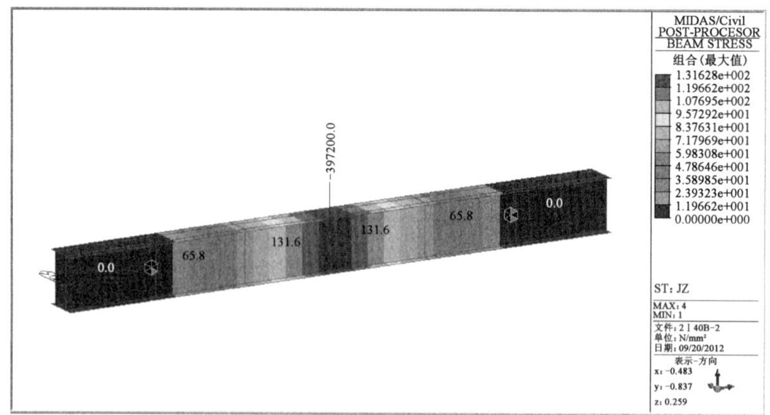

图 4-21 内力(kN/m)及应力图(MPa)

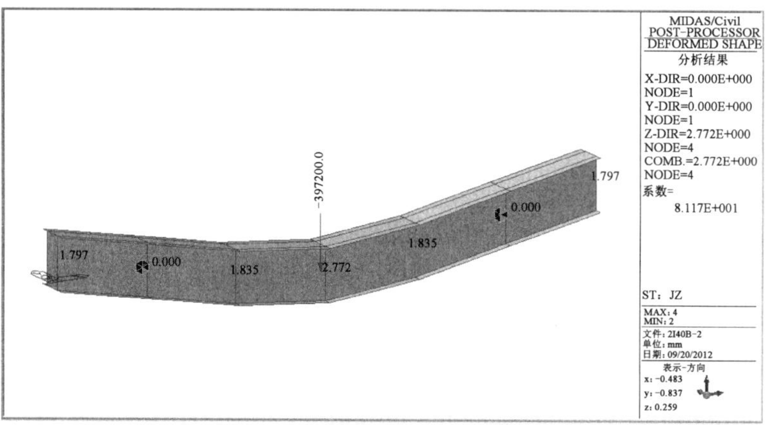

图 4-22 内力(kN/m)及位移图(mm)

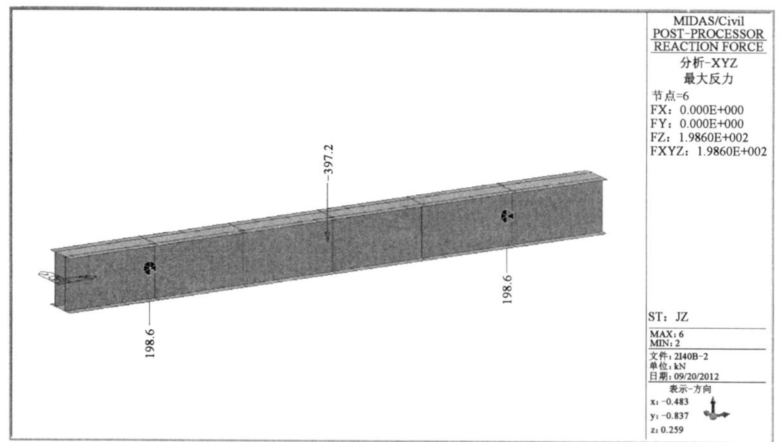

图 4-23 内力(kN/m)及反力图(kN)

荷载分析：

(1)自重均布荷载：$q_1=(0.785\times6\times12+0.279\times6\times34+0.9\times6\times12)/6=29.7\text{kN/m}$；

(2)汽车轮压：550/2=275kN(为简化计算，汽车荷载以集中力的形式加载，下面对下横梁的内力进行分析)，贝雷梁受到荷载利用Midas建立受力模型。

第一步：利用Midas建模，求解贝雷梁支点反力，见图4-25。

$F_{12}=F_{17}=9\text{kN},F_{13}=F_{16}=217.5\text{kN},F_{14}=F_{15}=265.4\text{kN}$

第二步：根据上面的分析结果，模拟墩基础。由Midas求出荷载分布图，如图4-26～图4-29所示。

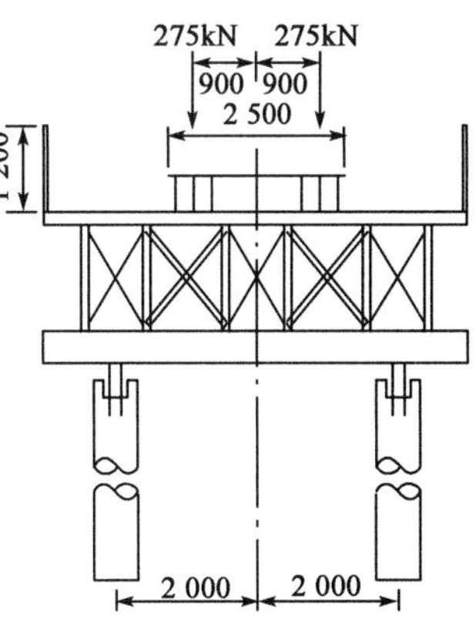

图4-24　横桥向汽车荷载布置简图(尺寸单位：mm)

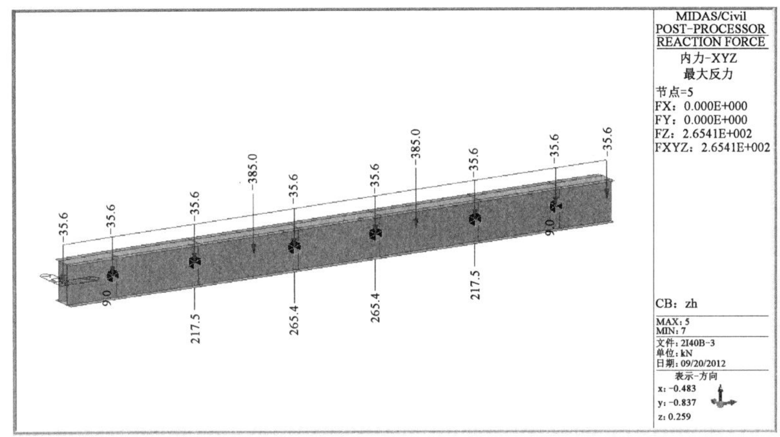

图4-25　内力(kN/m)及反力图(kN)

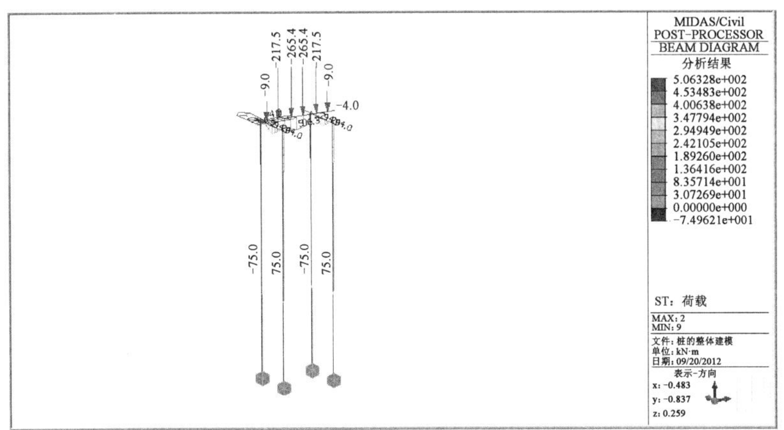

图4-26　内力(kN/m)及弯矩图(kN·m)

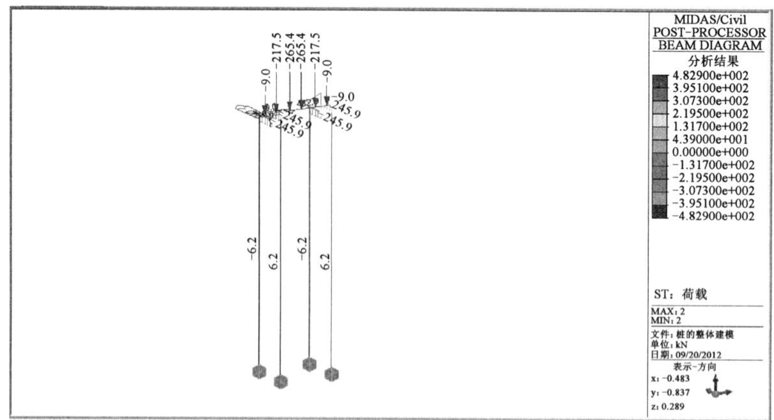

图 4-27　内力(kN/m)及剪力图(kN)

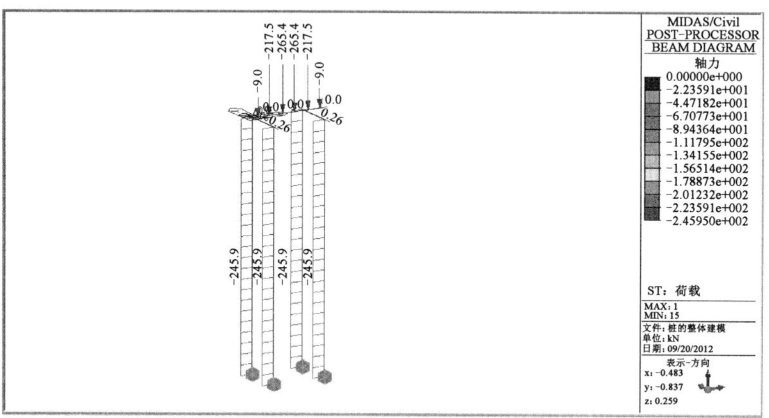

图 4-28　内力(kN/m)及轴力图(kN)

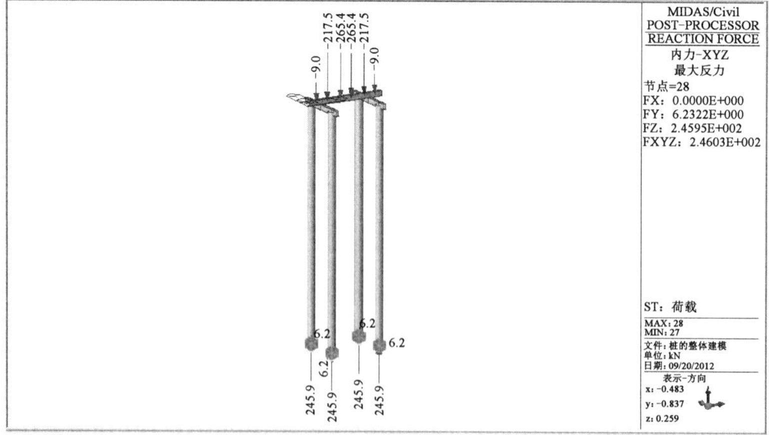

图 4-29　内力(kN/m)及反力图(kN)

计算结果见表 4-2。

内力计算表 1 表 4-2

单元	荷载	位置	轴向(kN)	剪力-y(kN)	剪力-z(kN)	扭矩(kN·m)	弯矩-y(kN·m)	弯矩-z(kN·m)
1	荷载	I[1]	0	0	0	0	0	0
2	荷载	I[2]	0	0	−482.9	0	−4	0
3	荷载	I[3]	0	0	−9	0	−4	0
4	荷载	I[15]	0	0	0	0	0	0
5	荷载	I[16]	−6.23	0	−245.95	0	−74.96	0
6	荷载	I[17]	−6.23	0	245.95	0	293.96	0
7	荷载	I[18]	0	0	0	0	0	0
8	荷载	I[20]	0	0	0	0	0	0
9	荷载	I[21]	−6.23	0	−245.95	0	−74.96	0
10	荷载	I[22]	−6.23	0	245.95	0	293.96	0
11	荷载	I[23]	0	0	0	0	0	0
12	荷载	I[16]	−245.95	−6.23	0	0	0	−74.96
13	荷载	I[18]	−245.95	6.23	0	0	0	74.96
14	荷载	I[21]	−245.95	−6.23	0	0	0	−74.96
15	荷载	I[23]	−245.95	6.23	0	0	0	74.96

$$F_{18}=F_{19}=F_{20}=F_{21}=245.9\text{kN}$$

2)风荷载及水压力作用情况

(1)风载:8 级风作用时

$$r=0.012\,017e^{-0.000\,1z}=0.012\,017e^{-0.000\,5}=0.012\,01$$

$$v_d=K_2K_5v_0=1.08\times1.38\times22.2=33.09(\text{m/s})$$

求得:$W_d=\dfrac{\gamma v_d^2}{2g}=\dfrac{0.012\,01\times(33.09)^2}{2\times9.81}=0.67(\text{kN/m}^2)$

单片贝雷梁迎风面积:$A_{wh}=0.4A=0.4\times1.5\times3=1.8\text{m}^2$

风载:$F_{wh}=K_0K_1K_3W_dA_{wh}=0.75\times0.54\times1.0\times0.67\times1.8=0.49(\text{kN})$

栈桥风载水平力:$F=4\times0.49=1.96(\text{kN})$

单桩水平风载:$F'=\dfrac{F}{4}=4\times0.49/4=0.49(\text{kN})$

(2)水流力

水流流速取 0m/s,水流力:

$$R=K\frac{\gamma v^2}{2g}A$$

式中:K——水流阻力系数,桩为圆形,取 0.8;

γ——水重度，取 10kN/m^3；

v——水流速度；

g——重力加速度，取 9.8m/s^2；

A——单桩入水部分在垂直于水流方向的投影面积。

钢管桩入水深度为10m，河床处流速为0，单桩所受水流力为0，水面流速为0m/s，桩所受水流力为0kN。

(3)不考虑流冰作用

$$F_i = mC_t btR_{ik} = 0(\text{kN})$$

钢管桩桩身最大弯矩按地面以下4倍桩径深度进行计算，单桩自由长度为14m。钢管桩受力分析弯矩：

$$M_3 = 14\text{m} \times 0.49\text{kN} = 6.86\text{kN} \cdot \text{m}$$

3)荷载组合

由《公路桥涵设计通用规范》(JTG D60—2004)第4.1.8条，荷载组合系数为1.0，换算到冲刷线处：

$$M_0 = 74.96 + 6.86 = 81.82\text{kN} \cdot \text{m}$$

$$H_0 = 0.49\text{kN}$$

4)桩顶横向水平位移计算

根据《公路桥涵地基与基础设计规范》(JTG D63—2007)：

(1)桩顶的计算宽度

对于 $d<1\text{m}$ 的圆形截面，$b_1 = 0.9(1.5d + 0.5) = 0.9 \times (1.5 \times 0.63 + 0.5) = 1.3005\text{m}$。

(2)桩的变形系数 α

栈桥钢管桩入土7m，土的相关参数见表4-3。

内力计算表 表4-3

土类	$m(\text{kN/m}^4)$	土类	$m(\text{kN/m}^4)$
淤泥质黏土4m	4 000	砾砂及卵砾石3m	50 000

ϕ630mm×10mm钢管特性见表4-4。

钢管特性表 表4-4

规格(mm)	每米质量(kg/m)	截面面积 $A(\text{cm}^2)$	惯性矩 $I(\text{cm}^4)$	回转半径 $i(\text{cm})$	截面矩 $W(\text{cm}^3)$
ϕ630×10	152.9	194.77	93 600	21.9	2 972

由《公路桥涵地基与基础设计规范》(JTG D63—2007)式(P-23)知：

$$m = \frac{m_1 h_1^2 + m_2(2h_1 + h_2)h_2}{h_m^2} = 3.5 \times 10^4$$

$$\alpha = \sqrt[5]{\frac{mb_1}{EI}} = \sqrt[5]{\frac{3.5 \times 10^4 \times 1.300\,5 \times 10^3}{2.06 \times 10^5 \times 93\,600 \times 10^4}} = 0.697\,6\text{m}^{-1}$$

$\alpha h = 0.697\,6 \times 7 = 4.883\,2 \geqslant 2.5$，按弹性桩计算。

$$EI = 1.928\,16 \times 10^{14}\text{N} \cdot \text{mm}^2$$

$$\alpha^3 EI = 6.545\,8 \times 10^4$$

$$\alpha^2 EI = 9.383\,3 \times 10^7$$

$$\alpha EI = 1.345\,1 \times 10^{11}$$

$\bar{h} = \alpha h = 4.883\,2 > 4$，取4。

查《公路桥涵地基与基础设计规范》(JTG D63—2007)表P.0.8得：

$$A_1 = -5.853\,3; B_1 = -5.940\,97; C_1 = -0.926\,77; D_1 = 4.547\,80$$

$$A_2 = -6.533\,16; B_2 = -12.151\,80; C_2 = -10.608\,40; D_2 = -3.766\,47$$

$$A_3 = -1.614\,28; B_3 = -11.730\,66; C_3 = -17.918\,6; D_3 = -15.075\,50$$

$$A_4 = 9.243\,68; B_4 = -0.357\,62; C_4 = -15.610\,50; D_4 = -23.140\,40$$

$$K_h = 0, h_1 = 0$$

根据《公路桥涵地基与基础设计规范》(JTG D63—2007)表P.0.3得：

$$\delta_{HH}^{(0)} = \frac{1}{\alpha^3 EI} \times \frac{B_2 D_1 - B_1 D_2}{A_2 B_1 - A_1 B_2} = 3.66 \times 10^{-5}$$

$$\delta_{MH}^{(0)} = \delta_{HM}^{(0)} = \frac{1}{\alpha^2 EI} \times \frac{A_2 D_1 - A_1 D_2}{A_2 B_1 - A_1 B_2} = 1.71 \times 10^{-8}$$

由 $M_0 = 81.82\text{kN} \cdot \text{m}; H_0 = 0.49\text{kN}$

$$\Delta = x_0 = H_0 \delta_{HH}^{(0)} + M_0 \delta_{HM}^{(0)} = 0.018 + 1.39 = 1.41\text{mm} < \frac{l}{400} = 36$$

根据《钢结构设计规范》(GB 50017—2003)，桩顶位移满足要求。

利用m法求最大弯矩：

$aL = 0.697\,6 \times 18 = 12.56 > 5$，按 $aL = 5$ 计算：

$$M_Z = \frac{H_0}{\alpha M_0} = \frac{0.49}{0.697 \times 81.82} = 0.008\,6$$

查表 A_2 可得：

$$\beta = 1.001$$

于是可得桩身最大弯矩：

$$M_{max} = \beta M_0 = 81.9\text{kN} \cdot \text{m}$$

桩轴力：

$$N_{max} = 245.9\text{kN}$$

4.2.7.2　顺桥向荷载受力情况及桩顶位移计算

1)汽车荷载

栈桥全宽6m，单孔跨径12m，每五个或四个标准跨为一联，联与联之间设置伸缩缝，宽度为 15cm。

荷载分析：

(1)自重均布荷载：$q_1=(0.785\times6\times12+0.279\times6\times34+0.9\times6\times12)/12=14.85$kN/m。

(2)汽车轮压：根据结构布载最不利情况，顺桥向布载简图如图 4-30 所示。

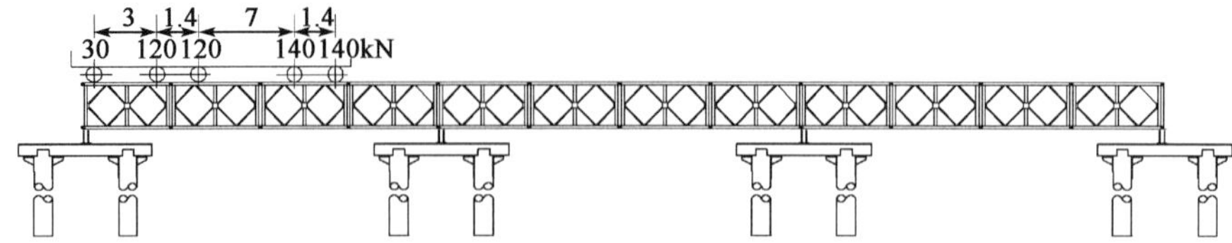

图 4-30 顺桥向汽车荷载布置图(尺寸单位：m)

由 Midas 求解器求出荷载分布图，如图 4-31～图 4-35 所示。

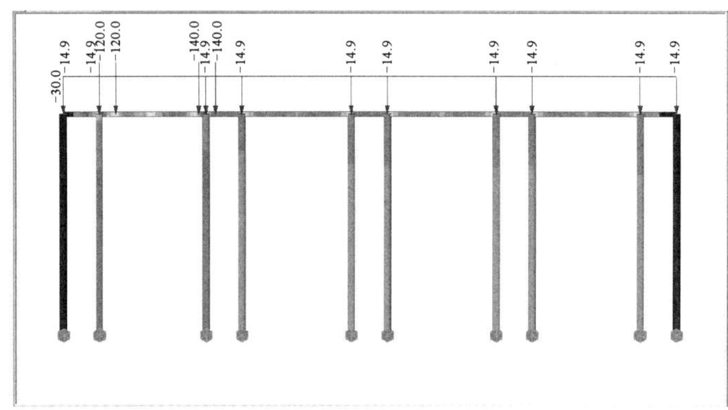

图 4-31 受力图(kN/m)

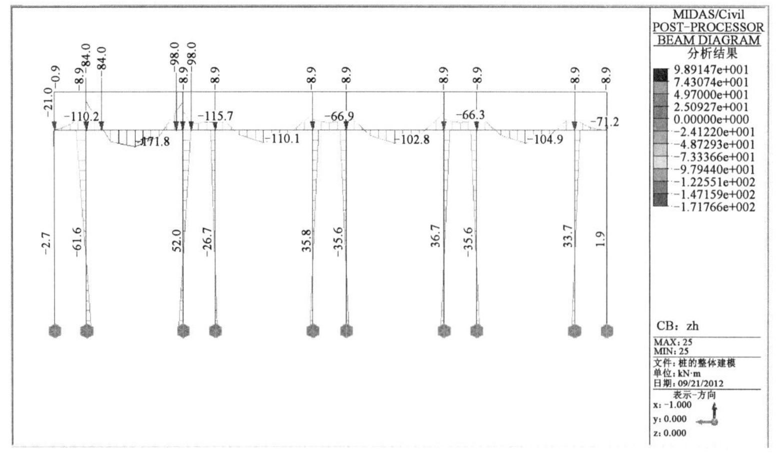

图 4-32 内力(kN/m)及弯矩图(kN·m)

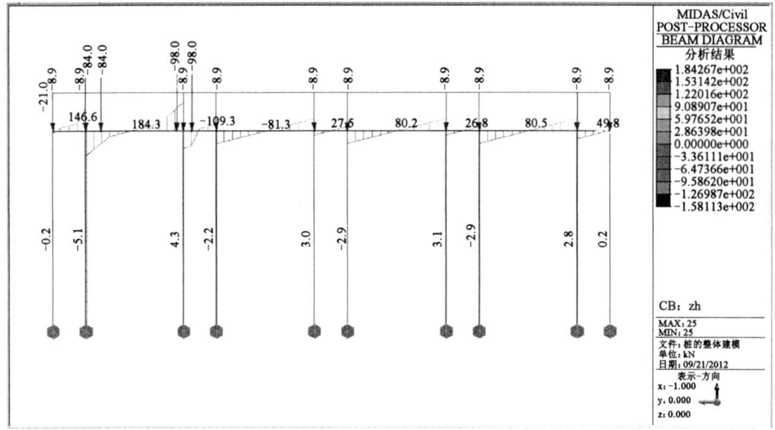

图 4-33　内力(kN/m)及剪力图(kN)

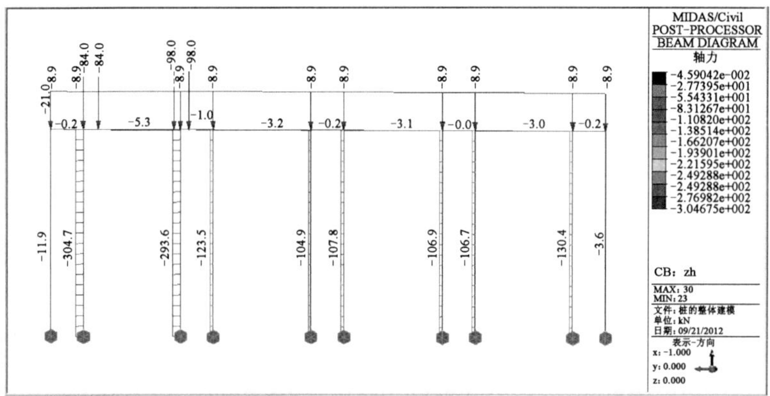

图 4-34　内力(kN/m)及轴力图(kN)

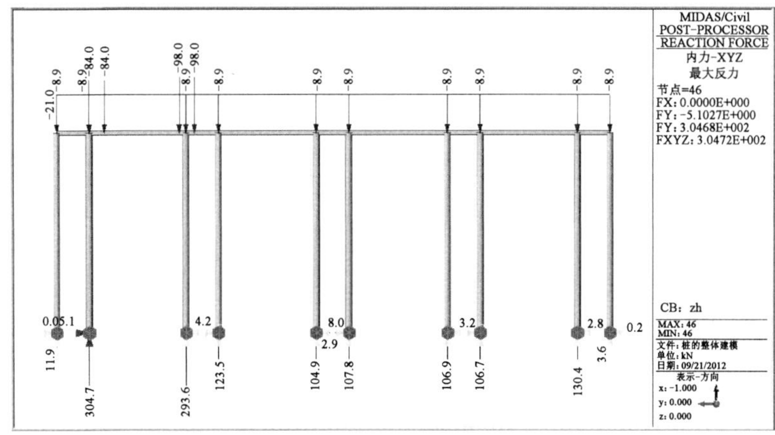

图 4-35　内力(kN/m)及轴力图(kN)

计算结果如表 4-5 所示。

内力计算表 2　　表 4-5

单元	荷载	位置	轴向(kN)	剪力-y(kN)	剪力-z(kN)	扭矩(kN·m)	弯矩-y(kN·m)	弯矩-z(kN·m)
1	zh	I[27]	−130.36	2.82	0	0	0	33.67
2	zh	I[29]	−3.62	0.17	0	0	0	1.9
3	zh	I[31]	−106.85	3.07	0	0	0	36.73
4	zh	I[33]	−106.68	−2.94	0	0	0	−35.6
5	zh	I[35]	−104.89	2.99	0	0	0	35.8
6	zh	I[37]	−107.79	−2.95	0	0	0	−35.65
7	zh	I[39]	−293.59	4.34	0	0	0	52
8	zh	I[41]	−123.45	−2.2	0	0	0	−26.68
9	zh	I[43]	−11.9	−0.2	0	0	0	−2.66
10	zh	I[45]	−304.68	−5.1	0	0	0	−61.61
11	zh	I[43]	−0.2	0	−11.9	0	−2.66	0
12	zh	I[45]	−5.3	0	−158.11	0	−171.77	0
13	zh	I[39]	−0.96	0	−109.33	0	−115.66	0
14	zh	I[41]	−3.16	0	−81.32	0	−110.15	0
15	zh	I[35]	−0.17	0	−25.83	0	−64.19	0
16	zh	I[37]	−3.12	0	−80.16	0	−102.54	0
17	zh	I[31]	−0.05	0	−26.64	0	−66.05	0
18	zh	I[33]	−2.99	0	−79.86	0	−101.92	0
19	zh	I[27]	−0.17	0	−49.84	0	−71.24	0

2)汽车荷载水平制动力

由《公路桥涵设计通用规范》(JTG D60—2004)及《桥梁工程》(范立础,人民交通出版社,第 2 版)可知:

$$H=0.3\times G=0.3\times 550=165\text{kN}$$

由《桥梁工程》可知,计算刚架桥制动力可移至桥面,但不计因此产生的力矩。因顺桥向 8 个桩,所以单桩 $H=165\div 8=20.6$kN,由此移至冲刷线产生的弯矩 $M=20.6\times 14=288.4$kN·m。

3)荷载组合

由《公路桥涵设计通用规范》(JTG D60—2004)第 4.1.8 条,荷载组合系数为 1.0,换算到冲刷线处:

$M_0=61.61\text{kN}\cdot\text{m}/8+288.4\text{kN}\cdot\text{m}=296.1\text{kN}\cdot\text{m}$

$H_0=20.6\text{kN}$

4)桩顶顺桥向水平位移计算

(1)桩顶的计算宽度

$$b_1=1.300\,5\text{m}$$

(2)桩的变形系数 α

$$m=\frac{m_1h_1^2+m_2(2h_1+h_2)h_2}{h_\text{m}^2}=3.5\times10^4\text{kN/m}^4$$

$$\alpha=\sqrt[5]{\frac{mb_1}{EI}}=\sqrt[5]{\frac{3.5\times10^4\times1.300\,5\times10^3}{2.06\times10^5\times93\,600\times10^4}}=0.697\,6\text{m}^{-1}$$

$\alpha h=0.697\,6\times7=4.883\,2\geqslant2.5$,按弹性桩计算。

$$EI=1.928\,16\times10^{14}\text{N}\cdot\text{mm}^2$$

$$\alpha^3EI=6.545\,8\times10^4$$

$$\alpha^2EI=9.383\,3\times10^7$$

$$\alpha EI=1.345\,1\times10^{11}$$

$\bar{h}=\alpha h=4.883\,2>4$,取 4。

查《公路桥涵地基与基础设计规范》(JTG D63—2007)表 P.0.8 得:

$$A_1=-5.853\,3;B_1=-5.940\,97;C_1=-0.926\,77;D_1=4.547\,80$$

$$A_2=-6.533\,16;B_2=-12.151\,80;C_2=-10.608\,40;D_2=-3.766\,47$$

$$A_3=-1.614\,28;B_3=-11.730\,66;C_3=-17.918\,6;D_3=-15.075\,50$$

$$A_4=9.243\,68;B_4=-0.357\,62;C_4=-15.610\,50;D_4=-23.140\,40$$

$$K_\text{h}=0,h_1=0$$

根据《公路桥涵地基与基础设计规范》(JTG D63—2007)表 P.0.3 得:

$$\delta_\text{HH}^{(0)}=\frac{1}{\alpha^3EI}\times\frac{B_2D_1-B_1D_2}{A_2B_1-A_1B_2}=3.66\times10^{-5}$$

$$\delta_\text{MH}^{(0)}=\delta_\text{HM}^{(0)}=\frac{1}{\alpha^2EI}\times\frac{A_2D_1-A_1D_2}{A_2B_1-A_1B_2}=1.71\times10^{-8}$$

由 $M_0=296.1\text{kN}\cdot\text{m};H_0=20.6\text{kN}$,得

$$\Delta=x_0=H_0\delta_\text{HH}^{(0)}+M_0\delta_\text{HM}^{(0)}=0.75+5.06=1.41\text{mm}<\frac{l}{400}=36$$

根据《钢结构设计规范》(GB 50017—2003),桩顶位移满足要求。

利用 m 法求最大弯矩:

$\alpha L=0.697\,6\times18=12.56>5$,按 $\alpha L=5$ 计算:

$$M_\text{Z}=\frac{H_0}{\alpha M_0}=\frac{20.6}{0.697\times296.1}=0.099\,8$$

查表 A_2 可得:

$$\beta=1.0237$$

于是可得桩身最大弯矩：

$$M_{max}=\beta M_0=303\text{kN}\cdot\text{m}$$

桩轴力：

$$N_{max}=304.7\text{kN}$$

4.2.7.3 钢管桩强度计算

由本章节可知：钢管桩最大弯矩 $M_{max}=303\text{kN}\cdot\text{m}$，在离冲刷线 0.573m 处；桩轴力：$M_{max}=304.7\text{kN}$。本方案中钢管属于压弯构件，其强度计算如下：

查《钢结构设计规范》(GB 50017—2003)式(5.2.1)：

$$\frac{N}{A_n}+\frac{M_x}{\gamma_x W_{nx}}\leqslant f$$

γ_x——截面塑性发展系数，查表取 $\gamma_x=1.15$。

代入数据求得：

$$\frac{30.5\times10^4}{194.77\times10^2}+\frac{303\times10^6}{1.15\times2\,972\,000}=15.7+88.7=104.4\text{MPa}<f=188.5\text{MPa}$$

采用 Q235B 钢材，其强度满足要求。

4.2.7.4 钢管桩稳定性计算

由本章节可知：钢管桩最大弯矩 $M_{max}=303\text{kN}\cdot\text{m}$，在离冲刷线 0.573m 处；桩轴力：$N_{max}=304.7\text{kN}$。本方案中钢管属于压弯构件，需计算其弯矩作用下的平面内稳定性。

查《钢结构设计规范》(GB 50017—2013)式(5.2.2-1)：

$$\frac{N}{\varphi_x A}+\frac{\beta M_x}{\gamma_x W_{1x}\left(1-0.8\dfrac{N}{N'_{Ex}}\right)}\leqslant f$$

式中：N'_{Ex}——参数，$N'_{Ex}=\pi^2EA/(1.1\lambda_x^2)$；

λ_x——钢管按一端铰接一端钢接进行计算；

φ_x——弯矩作用平面内的轴心受压构件稳定系数；

M_x——所计算构件段范围内的最大弯矩；

W_{1x}——在弯矩作用平面内对较大受压纤维的毛截面模量；

γ_x——截面塑性发展系数，查表取 1.15。

ϕ630mm×10mm 钢管桩的惯性矩为 93 600cm^4。

$$2\text{I}40\text{ 惯性矩}=2\times18\,930=37\,860\text{cm}^4$$

先计算其计算长度 14，$K_1=\dfrac{I_{2\text{I}40}\times14}{I_{\text{钢管}}\times3}=1.88$，由于钢管底端固结，所以 $K_2=10$，查《钢结构设计规范》(GB 50017—2003)，按有侧移框架查表 D-2 内插，计算长度系数=1.11，所以其计算长度 $L_0=1.11\times1\,400=1\,554\text{cm}$。

钢管的回转半径：

$$i=21.9\text{cm}$$

钢管的长细比：

$$\lambda x=L_0/i=1\,554/21.9=70.96$$

查 B 类截面轴心受压构件稳定系数表得其稳定系数 $\phi=0.584$；

$$N'_{Ex}=\pi^2EA/(1.1\lambda_x^2)=\frac{3.14^2\times 2.06\times 10^5\times 194.77\times 10^2}{1.1\times 70.96^2}=7\,142\text{kN}$$

代入数据求得：

$$\frac{30.5\times 10^4}{0.584\times 194.77\times 10^4}+\frac{1.0\times 303\times 10^6}{1.15\times 2\,972\times 10^3\left(1-0.8\times\dfrac{305}{7\,142}\right)}$$

$$=0.268+91.78=92\text{MPa}<f=188.5\text{MPa}$$

采用 Q235B 钢材，其受力满足要求。

桩基础为 ϕ630mm×10mm 钢管桩，钢管桩桩顶反力最大值为 305kN。

4.2.7.5 钢管桩地基允许承载力计算

根据《港口工程桩基规范》(JTJ 254—98)第 4.2.4 条：

$$Q_d=\frac{1}{\gamma_R}(U\sum q_{fi}l_i+q_RA)$$

式中：Q_d——单桩垂直极限承载力设计值(kN)；

U——桩身截面周长 (m)，本处为 1.978m；

q_{fi}——单桩第 i 层土的极限侧摩阻力标准值(kPa)；

l_i——桩身穿过第 i 层土的长度(m)；

q_R——单桩极限桩端阻力标准值(kPa)；

A——桩身截面面积，ϕ630mm×10mm，钢管桩 $A=199.2\text{cm}^2$。

查看地质资料可得，该区域土层摩阻力见表 4-6。

钢栈桥处河床地质从上往下依次是：淤泥质黏土、粗砂及卵砾石、中风化长石石英岩、微风化长石石英岩。假设栈桥钢管桩入土 10m，土的相关参数见表 4-6。

各土层摩阻力值　　表 4-6

土　　类	桩的极限侧阻力 q_{sik}(kPa)	桩的极限端阻力 q_{pk}(kPa)
淤泥质黏土 4m	20～30	1 500
砾砂及卵砾石 3m	100～150	9 000
中风化长石石英岩 1m	140～160	5 000～8 000
微风化长石石英岩 4m	220～300	7 000～11 000

ϕ630mm×10mm 桩，桩设计承载力按 32.5×1.3＝422.5kN，桩长 24m，入土深度为 7m。

$$Q_d = \frac{1}{\gamma_R}(U\sum q_{fi}l_i + q_R A)$$

由(42.25×9.8)kN=1/1.45×1.978[4×20+100×L_x]计算得：

$$L_x = 2.23\text{m}$$

据此知钢管桩需至少打入卵砾土层 2.23m。钢管桩的入土深度为河床面以下 6.23m，单根钢管桩取 18m。

4.2.8 结论

(1)桥面系采用 σ=10mm 钢板，分配梁采用 I20 工字钢，满足受力要求。

(2)主梁采用 6 片贝雷梁作梁，满足受力要求。

(3)桩顶垫梁采用 2I40b 工字钢，受力满足要求。

(4)钢管桩采用 ϕ630mm×10mm 钢管桩，桩设计承载力为 422.5kN，入土深度为 7m，现场打桩时，钢管桩埋置深度原则上以设计的入土深度为准，如遇到特殊地质、地层，可以按照贯入度控制，以连续击振 1min 的贯入度不超过 5cm 为停止继续打入的标准。

4.3 钢便桥施工设备

主要施工机械明细见表 4-7。

主要施工机械明细表 表 4-7

序　号	设备名称	型　号	单　位	数　量	备　注
1	浮吊	20t	台	2	
2	机动舟	994	艘	1	
3	运输船	6 节中-60	艘	1	150t
4	振动锤	DZ90	套	1	
5	汽车吊	25t	台	1	
6	平板运输车		台	1	
7	电焊机	BX1-500-3F(BXL-300)	台	28	
8	氧炔焰切割机	PCS-100	套	12	
9	履带吊	50t	台	1	

4.4 钢便桥施工

采用“钓鱼法”打入钢管桩，施工示意图见图 4-36。整根钢管桩一次性打设到位，测量工程师复核导向架垂直度和空间位置满足设计要求后，履带吊配合振动打拔桩锤将钢管桩打至设计高程。在打设钢管桩的过程中要严格控制桩位、桩的垂直度及打入深度，发现偏差要及时纠正。按此方法，逐步完成每跨钢管桩的施工。

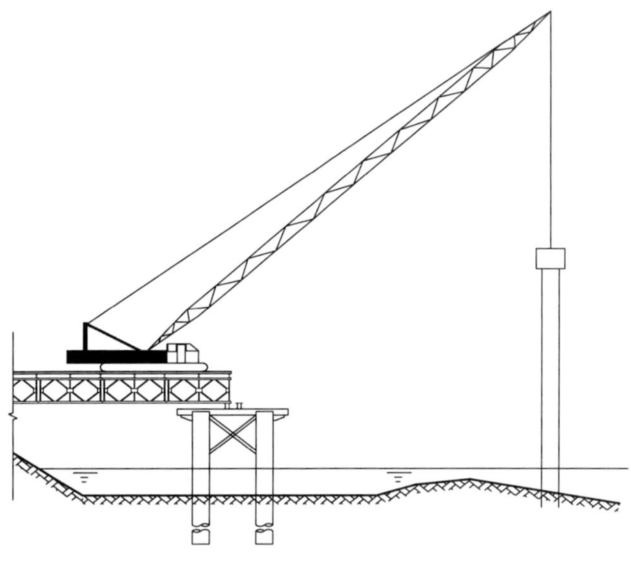

图 4-36　“钓鱼法”沉打钢管桩

4.4.1　钢管桩的技术要求

(1)钢管桩采用成品钢管，管节对口拼装时，相邻管节的焊接应错开 1/8 周长以上，相邻管节的外形偏差、管径偏差和板边高差应符合表 4-8～表 4-10 的规定。

(2)管节外形尺寸的允许偏差见表 4-8。

管节外形尺寸的允许偏差　　表 4-8

偏差部位	允许偏差(mm)	偏差部位	允许偏差(mm)
周长	±0.5%周长，且不大于 10	管端平整度	2
管端椭圆度	0.5%D，且不大于 5	管端平面倾斜	小于 0.5%D，且不大于 4

(3)相邻管节的管径允许偏差见表 4-9。

相邻管节的管径允许偏差　　表 4-9

管径(mm)	相邻管节管径允许偏差(mm)	管径(mm)	相邻管节管径允许偏差(mm)
≤700	≤2	＞700	≤3

(4)相邻管节对口板边的允许偏差见表 4-10。

相邻管节对口板边的允许偏差　　表 4-10

板厚 δ(mm)	相邻管节对口的板边高差 Δ(mm)	板厚 δ(mm)	相邻管节对口的板边高差 Δ(mm)
$\delta \leq 10$	＜1.0	$\delta > 20$	＜δ/10，且不大于 3
$10 < \delta \leq 20$	＜2.0		

(5)钢管桩焊接前,应将焊缝周围30mm范围内的铁锈、油污、水和杂物清除干净。

(6)焊接应对称进行,露天焊接时,应考虑由于阳光照射所造成的桩身弯曲。当环境温度低于-10℃时不宜焊接。

(7)焊完每道焊缝后,应及时清除焊渣,并做外观检查。

(8)焊缝外观和钢管桩成品外形尺寸允许偏差见表4-11和表4-12。

焊缝外观允许偏差 表4-11

缺陷名称	允许偏差
咬边(mm)	深度不超过0.5,累计总长度不超过焊缝长度的10%
超高(mm)	3
表面裂缝、未熔合、未焊透	不允许
弧坑、表面气孔、夹渣	不允许

钢管桩外形尺寸的允许偏差 表4-12

项目	允许偏差(mm)	项目	允许偏差(mm)
桩长	+300,-0	桩纵轴线的弯曲矢量	桩长的0.1%,且不大于30

4.4.2 钢管桩间剪刀撑、桩顶分配梁施工

每个墩的钢管桩基础施工完成后,立即进行钢管桩间剪刀撑、牛腿、桩顶垫梁施工。

4.4.3 安装贝雷梁

(1)测量放样,定出贝雷梁准确位置。

(2)浮平台将拼装好的一组贝雷主桁片运至便桥前端。

(3)履带吊安装第一组贝雷梁后,先牢固捆绑在上垫梁上,然后焊接限位器;安装第二组贝雷梁,与安装好的第一组贝雷梁用花架进行连接。依此类推完成整跨贝雷梁的安装(图4-37)。

4.4.4 安装型钢分配梁

在履带吊的配合下,按35cm的间距安装工字钢I20a分配梁,并用U形螺栓将其固定在贝雷梁上。

4.4.5 铺装桥面系

型钢分配梁安装完成后,用履带吊安装10mm钢板,作为桥面系。然后安装护栏立杆、护栏扶手和护栏钢筋并涂刷红白相间油漆。

4.4.6 临时钢便桥施工注意事项

(1)钢管桩平面位置偏差不大于5cm,桩顶高程偏差不大于5cm;倾斜度不大于1%;

单排钢管桩各桩在顺桥方向的倾斜度不大于1%。

(2)所有钢结构的焊接,包括钢管桩的节段焊接、型钢的焊接以及各个连接件的焊接都必须在监理及相关质检人员的监督下进行合格检验。

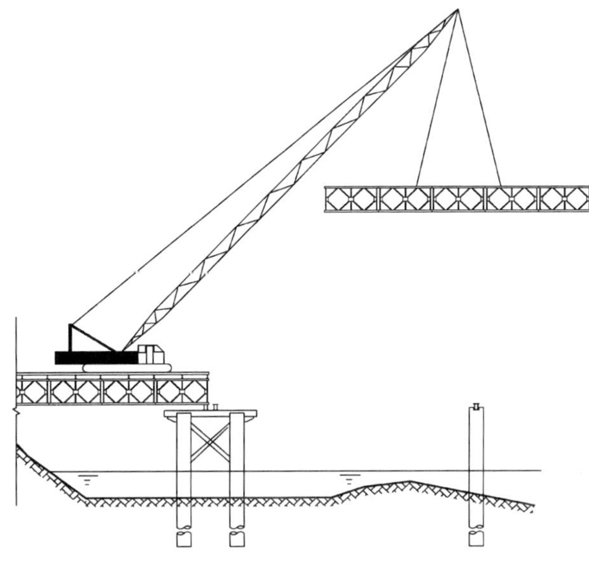

图4-37　履带吊架设贝雷梁示意图

4.5　钻孔平台施工作业

4.5.1　钻孔平台结构形式

钻孔平台和钢便桥相连接,顶面高程一致。平台基础采用ϕ630mm钢管桩,2I40b型钢嵌入钢管桩顶面并作为垫梁,在垫梁上护筒位置两侧布置各布置一组贝雷梁,每组贝雷梁采用90cm花架相连,在贝雷梁上铺设I20a分配梁,间距35cm,注意留出护筒位置,分配梁上铺设6mm钢板,在平台四周焊接ϕ48mm钢管作栏杆,见图4-38。

4.5.2　钻孔平台施工流程图

钻孔平台施工流程见图4-39。

4.5.3　钢管桩制作

钢管桩用厚度10mm的钢板卷制而成,直径630mm,钢管桩卷制成型后焊接至需要的长度。

钢管桩加工制作完成后用吊车配合托盘车分两节运至岸边,再用运输船配合浮吊运到钻孔平台，根据需要接长，钢管桩的接头必须满焊，各加劲板也需满焊并符合设计的焊缝厚度要求。经现场技术员检查钢管桩接头焊接质量合格后方可打设钢管桩。

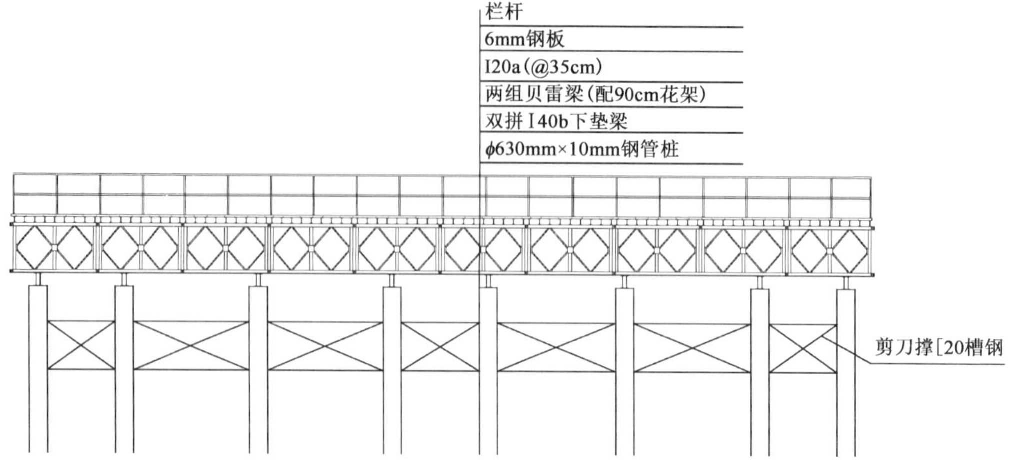

图 4-38　钻孔平台结构形式

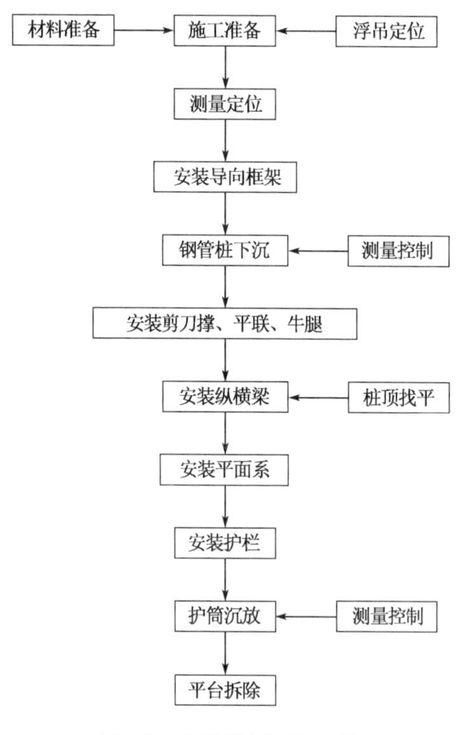

图 4-39　钻孔平台施工流程图

4.5.4　钻孔平台施工工艺

(1)利用 20t 浮吊、振动打拔桩锤等机具在测量仪器的指引下插打钢管桩至设计高程。

(2)钢管桩打设完毕后，钢管桩顶找平后，安装钢管桩间剪刀撑和桩顶牛腿。

(3)桩顶牛腿和剪刀撑安装完成后接着安装上垫梁，连接分配梁。

(4)最后铺设、焊接面板，安装平台护栏。

(5)钻孔平台与钢便桥之间连接采用一端固定一端自由的方式，即垫梁、分配梁、面板均固定在钻孔平台上，另一端作为自由端搭在钢便桥上，这样防止钢便桥上有车辆荷载时影响到钻孔平台的稳定。

4.5.5　钻孔平台施工注意事项

(1)振动打拔桩锤和夹具与钢管桩顶连接牢固，开启振动锤，使钢管桩下沉。当下沉速度与预期值相近，且振幅符合规定时，即可停止，施工过程中可采用贯入度法进行双控。

(2)每根桩的打入要一气呵成,不可中途间歇时间过长,以免桩周的土恢复原状,继续打入困难。

(3)导向支架应固定牢靠,以便打入钢管桩时稳定管桩;钢管桩在导向支架上不应钳制过死,更不允许施打时,导向支架发生位移或转动,使桩身产生超过许可的拉力或扭矩。

(4)测量人员现场指挥精确定位,在钢管桩打设过程中要不断地检测桩位和桩的垂直度,并控制好桩顶高程。下沉时如钢管桩倾斜,及时牵引校正,每振 1~2min 要暂停一下,并校正钢管桩一次,钢管桩倾斜率控制在 1%以内。

(5)平台各垫梁之间要焊接牢固,防止钻机在施工过程中因开焊引起安全事故。

第5章 少支架反安装法拆除刚架拱桥上部结构

5.1 刚架拱桥上部结构拆除方案

(1)拱桥拆除过程中,必须按照全桥均衡、本孔对称、横向对应的卸载原则逐步拆除上部结构。参考建桥时采用全支架施工工艺,确定采用少支架反安装的拆除方案,即仅在大节点处设支架,临时支撑固定拱腿及实腹段的措施。

(2)拆除顺序依次为:拆除两侧防撞护栏及悬臂微弯板(可不同时拆除,但最后拆除的一侧不得影响残余桥梁的横向稳定)→从东侧顺桥向拆除第一片拱肋与第二片拱肋间拱波微弯板及桥面铺装→在大节点处打入钢管桩做好大节点处的支撑,要做到有效地支撑并牢固地固定拱腿及实腹段→支撑固定斜撑→拆除第二孔一端弦杆处的横系梁→拆除相应弦杆及斜撑→拆除另一端弦杆处的横系梁→拆除相应弦杆及斜撑→拆除实腹段的横系梁→拆除实腹段→拆除两端拱腿的横系梁及拱腿→拆除临时支架→重复上述动作顺桥向依次完成第三孔、第四孔及第一孔的拆除,此为一个循环→横桥向依次循环。该过程恰与施工时安装顺序相反。

(3)本桥共4跨,每一跨有6片拱肋,全桥共计24片拱肋,横桥向有两个悬臂微弯板半拱波及5个微弯板拱波。拱肋各构件名称如图5-1所示,混凝土数量见表5-1。

一片拱肋混凝土数量表 表5-1

序号	名称	方量	单位	备注
1	弦杆	7.0	m^3	
2	立柱	1.4	m^3	
3	斜撑	2.0	m^3	
4	拱腿	6.9	m^3	
5	Ⅱ型横系梁	0.2	m^3	
6	实腹段	8.0	m^3	
7	Ⅰ型横系梁	0.4	m^3	

图5-2为拱肋及微弯板编号示意图。

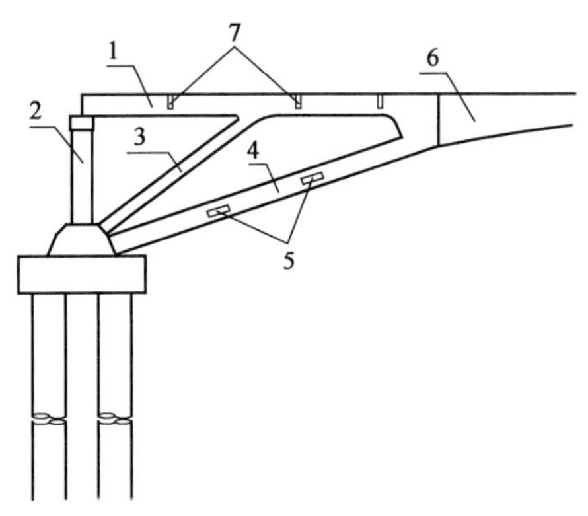

图 5-1 拱肋各构件示意图

1-弦杆;2-立柱;3-斜撑;4-拱腿;5-Ⅱ型横系梁;6-实腹段;7-Ⅰ型横系梁

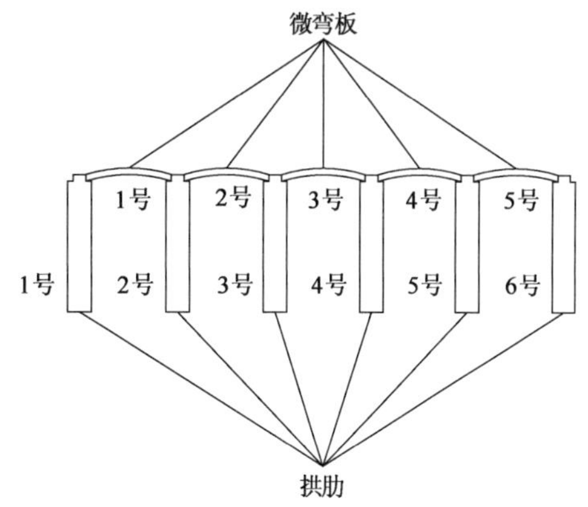

图 5-2 拱肋及微弯板编号示意图

5.2 准备工作

(1)施工前将施工技术方案和安全方案对现场操作人员进行详细交底,确保各个工种的工作人员做到心中有数。

(2)检查和验证浮平台及起吊设备、定位设施、破碎工具的各项技术指标和工作性能。

(3)在拱座及小盖梁相应部位布置观测点,以便在拆除过程中观测桥梁变化情况。在每片边肋跨中位置布设 2 个观测点,挂垂球,根据与桩顶盖梁的相对位置测量拱肋的横向位移。

(4)在桥面上量画出拱肋中心位置及微弯板接缝的位置。

5.3 拆除作业

5.3.1 拆除悬臂微弯板及防撞护栏

利用小型破碎工具在悬臂微弯板上凿孔,用钢丝绳将悬臂微弯板与对应的防撞护栏捆绑,起重设备起吊、张紧钢丝绳,利用破碎工具将悬臂微弯板与第一片拱肋处的桥面铺装及填平层混凝土凿除,剪断连接钢筋,继续破碎防撞护栏对应位置的混凝土,剪断钢筋,起重设备将分离出的钢筋混凝土块放到运输船上运到指定地点。依次拆除全桥的左侧悬臂微弯板及防撞护栏,在该过程中监控各观测点有无明显位移及变形。

微弯板的拆除及拆除后对主拱片的支撑过程分别如图 5-3、图 5-4 所示。

图 5-3　微弯板拆除

图 5-4　微弯板拆除后对主拱片的支撑

5.3.2　拆除第一道拱波

利用破碎工具在微弯板上凿孔，用钢丝绳将悬臂微弯板捆绑，起重设备起吊、张紧钢丝绳，利用破碎工具将要拆除的微弯板与第一、二片拱肋处的桥面铺装及填平层混凝土凿除，剪断连接钢筋，起重设备将分离出的微弯板放到运输船上运到指定地点。依次拆除全桥的第一道拱波的微弯板，在该过程中监控结果显示各观测点无明显位移及变形。

5.3.3　拆除第一片拱肋

在第一片拱肋两侧、大节点附近打入 4 根钢管桩，用剪力撑等连接固定后，在桩顶设横向钢梁，在钢梁上设横向限位型钢，将大节点处的拱腿及实腹段固定。

先拆除弦杆上的两片横系梁；用起重设备将弦杆吊紧，在拱腿上支撑好斜撑，截断大节点处混凝土及钢筋，截断小节点处混凝土及钢筋，将弦杆拆除；再拆除斜撑。采用同样的工艺拆除另一侧的弦杆及斜撑。在该过程中监控结果显示各观测点无明显位移及变形。

拆除实腹段的横系梁；用起重设备将实腹段吊紧，截断实腹段与两个拱腿的混凝土和钢筋。

图 5-5　拱肋拆除

因横桥向其余拱肋及桥面系基本完好，大节点处支撑可靠，各孔间的荷载差距不大，监控结果显示各观测点均无明显位移及变形。

拆除拱腿横系梁；拆除拱腿。

拱肋、弦杆拆除如图 5-5、图 5-6 所示。最后两道主拱肋的支撑如图 5-7 所示。支架如图 5-8、图 5-9 所示。

图 5-6 弦杆拆除

图 5-7 最后两道主拱肋的支撑

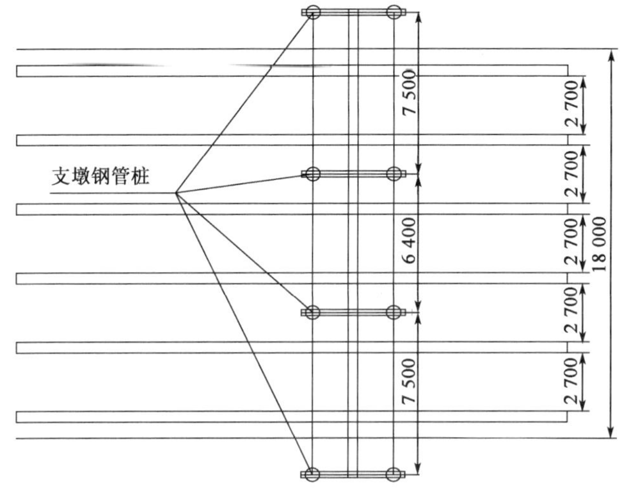

图 5-8 支架安放示意图(尺寸单位:mm)

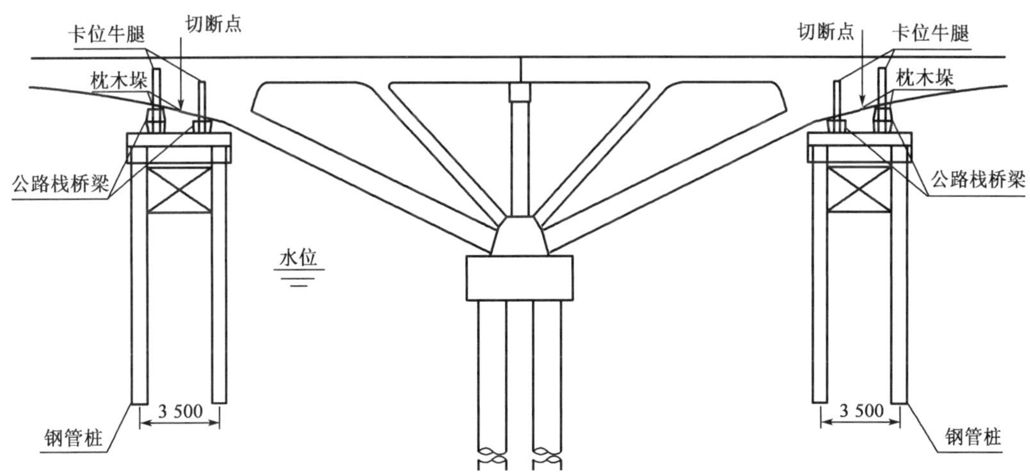

图 5-9 支架位置立面示意图(尺寸单位:mm)

5.3.4 拆除最后一组拱肋

拆除最后一组拱肋时，必须先拆除第二或第三孔拱肋，以尽量减少2号或3号墩因连拱作用出现最大水平力，致下部结构失稳。同时也应加强支撑，严格控制单片拱肋横向稳定性，避免出现危险事故。

5.3.5 拆除剩余三片拱肋和两道拱波

为了保证横向稳定，将拆除工艺调整为：先将大节点处的微弯板拆除，打入钢管桩，将各拱肋支撑妥当。然后按照拆除剩余微弯板→拆除两端弦杆→拆除实腹段→拆除拱腿的顺序，将拱肋逐片拆除。大节点处支撑牢固可靠，各观测点未出现明显位移，未出现横向失稳现象。

5.4 拆除注意事项

(1)必须做好拆除前的交底工作，并针对可能出现的安全隐患制定应对措施。

(2)检查拆除作业中的各种设备，确保运行安全可靠。

(3)拆除过程中，所有无关人员严禁在桥上逗留，技术人员要做好各观测点的监控工作，发现问题，及时汇报。

(4)起重设备在拆除过程中张紧钢丝绳时，起吊力量一定要均衡，不能过大，避免钢筋切断后混凝土块反弹。

(5)所有拆除物要全部运到指定地点，避免建筑垃圾对环境造成污染。

第6章 基础工程

6.1 陆地段桩基施工

6.1.1 桩位放样

按照规范与设计要求，用GPS放出桩位中心点，保证其精确度，同时在距护筒2～3m处用十字交叉线引出4个保护桩，并注意免遭破坏。

6.1.2 护筒

(1)钢护筒采用厚度8mm的钢板卷制，直径2m，高度3m。

(2)设置护筒时，先在桩位处挖出比护筒直径大80cm的圆坑，坑深比护筒长度小40cm。就位后，护筒顶面高程将高出原地面约30cm。

(3)护筒底部和四周用黏质土对称、均匀地填筑并分层夯实。

(4)护筒平面位置误差不大于5cm，倾斜度小于1%。

6.1.3 钻机就位

根据水文地质及工程实际情况选用冲击钻进行钻孔作业。护筒埋设后，钻机就位(图6-1)。就位过程中力求钻机冲击锥钢丝绳、护筒中心线和设计桩位中心线在同一条直线上，即“三点一线”，尽量减少桩基平面位置偏差。

图6-1 钻机就位

6.1.4 泥浆

(1)在护筒周围适当位置设置沉淀池和泥浆循环池。

(2)开孔时,首先向钢护筒内注入水,并加入黏土,然后用冲击钻小冲程反复冲击。开孔的同时产生所需的泥浆,泥浆流入沉淀池和循环池。

(3)泥浆量可根据钻进深度及时补充,确保钻进过程中的水头高度。

(4)及时清除沉淀池中的沉渣,检查泥浆的技术指标,确保泥浆的工作性能。

(5)泥浆指标见表 6-1。

泥浆指标　　表 6-1

位　置	相对密度	含砂率	黏　度
易塌地层	1.20～1.40	≤4%	22～30Pa·s

(6)桩基施工完成后,将钻渣及沉淀的泥浆运至选定的地点掩埋,以避免污染水域环境。

6.1.5 钻孔施工

(1)在钻井过程中必须时刻检查冲击钻是否对准桩位中心,钻机是否发生位移或沉陷,若发生则及时纠正。

(2)当初成孔的深度超过钻头高度加冲程后,已能够起到导向作用,即可以开始进行正常的冲击钻进。

(3)根据土层情况分别选择不同的冲程:当通过砂、砂砾石或含砂量较大的卵石层时,宜采用 1～2m 的中、小冲程,并加大泥浆稠度,反复冲击使孔壁坚实,防止坍孔;当通过坚硬密实卵石层及漂石、基岩类土层时,可采用 2m 左右的中冲程,使卵石、漂石或基岩破碎。

(4)根据地质资料及钻进速度,在钻到不同地质构造时合理调整泥浆指标。

(5)停钻后再次开钻时,应由低冲程逐渐加大到正常冲程,以免卡钻、埋钻。

(6)钻进中对钻机进尺和地质情况详细甄别,并与地质报告相对照,根据地质变化及时调整钻进速度。

(7)在通过岩石或岩层时,如发现岩层表面倾斜,应向钻孔内加投片石,调整冲程,待将岩层表面凿平后,恢复正常冲击钻进,防止发生卡钻或斜孔事故。此外,钻进过程中应注意钻头转动角度,防止出现梅花孔。

(8)施工中应经常检查钻头情况,如有磨损、损坏,应及时补焊或更换钻头。

(9)钻孔作业应分班连续进行,如实填写钻孔施工记录。交接班时应交待钻进情况及下一班注意事项。

(10)处理孔内事故或因故停钻时,必须将钻头提出孔外,防止埋钻。

(11)为防止钻孔倾斜和孔径不够,钻进中须用检孔器检孔。检孔器用钢筋笼做成,其外径等于设计孔径,长度为孔径的4~6倍。每钻进4~6m,接近及通过易缩孔土层(软土、软塑黏土、低液限黏土等)或更换钻锥前,都必须检孔。用新铸或新焊补的钻锥时,应先用检孔器检测到孔底,才可放入新钻锥钻进。

(12)钻孔的安全要求:冲击锤起吊应平稳,防止冲撞护筒和孔壁;进出孔口时,禁止孔口附近站人,防止发生钻锥撞击人事故;因故停钻时,孔口应加盖防护,严禁钻锥留在孔内,以防埋钻。

(13)钻孔时根据钻渣来判断地质情况,及时与地质报告核对,如果与实际资料不符,应立即通知设计代表和监理工程师,根据实际情况修改、完善设计。

桩基钻进施工如图6-2所示。

图6-2 桩基钻进施工

6.1.6 清孔

(1)钻孔深度达到设计高程后,应检查钻孔的孔径、深度和倾斜度,满足设计及规范要求后,方可进行清孔。将泥浆中的钻渣及孔底大部分的沉渣清除,防止在下钢筋笼及导管的过程中,钻渣大量沉淀影响基底承载力。

(2)清孔过程中随着钻渣的清除,孔内水头会下降,应及时用稀泥浆补充水头,并逐渐调整泥浆工作性能。

(3)清孔后泥浆指标:相对密度1.03~1.10,黏度17~20Pa·s,含砂率≤2%。

(4)在放入钢筋笼后、灌注水下混凝土前,要再次检查孔内泥浆指标和孔底沉淀厚度,如超过规范限值,应进行第二次清孔,直到符合要求后方可灌注水下混凝土。

6.1.7 钢筋笼

(1)吊车采用三点起吊法吊起钢筋笼,防止钢筋笼在吊装过程中发生变形。钢筋笼入孔时,慢慢放入孔中,要避免钢筋笼碰撞孔壁引起塌孔(图6-3)。

(2)钢筋笼入孔后应由测量人员复检钢筋笼的位置、高程。

图 6-3 下放钢筋笼

图 6-4 下导管

6.1.8 下导管

(1)导管使用前必须进行水密承压试验及抗拉试验,以保证导管在灌注混凝土时不透水,在提升导管时不断裂,避免出现断桩事故。

(2)导管底口距离孔底应有 30～40cm 距离。

(3)导管应置于钻孔中心,防止在提升时钩挂钢筋笼。

下导管施工如图 6-4 所示。

6.1.9 第二次清孔

导管就位后、灌注混凝土之前,检查孔内泥浆的工作性能和孔底沉淀厚度,如超过规范规定,则利用导管进行第二次清孔,确保泥浆指标达到相对密度 1.03～1.10,黏度 17～20Pa・s,含砂率≤2%,沉淀厚度小于 5cm。

6.1.10 灌注水下混凝土

(1)严密组织拌和场作业及混凝土运输,严格控制混凝土的灌注时间不超过首批混凝土的初凝时间。

(2)混凝土运至灌注现场后,严格检验其均匀性和坍落度,坍落度为 180～220mm 方可使用。

(3)首批混凝土用 2m^3 的料斗并配以 6m^3 的混凝土罐装车。开始灌注混凝土时，罐装车内的混凝土持续输送到料斗内，确保首批灌注混凝土埋置导管深度大于 1.0m。首批混凝土灌注完毕，应量测混凝土顶面高程，做好记录。混凝土灌注过程如图 6-5 所示。

图 6-5 混凝土灌注

(4)混凝土必须连续灌注，不得中断。随时检查混凝土顶面高程，及时调整导管的埋深，确保导管底口埋入混凝土的深度在 2～6m 之间。

(5)拆卸导管速度要快，避免停滞时间过长导致卡管等问题，进而产生断桩的可能。

(6)混凝土应徐徐灌入导管内，避免在导管内形成高压气囊。

(7)为防止钢筋骨架上浮，当灌注混凝土顶面距钢筋骨架底部 1m 左右时，减小混凝土的灌注速度；当混凝土上升到骨架底部 4m 以上时，提升导管，使导管底口高于骨架底部 2m 以上，恢复正常灌注速度。

(8)混凝土灌注高程应高出设计高程 0.5m 及以上，以保证桩头混凝土质量。

(9)灌注水下混凝土时，现场技术人员要按照实际情况做好混凝土灌注记录。

6.1.11 钻孔桩的施工顺序

同墩钻孔时，一般只安排一台冲击钻，按照“2-4-1-3”的顺序，避免串孔，同时减少冲击钻施工时对相邻孔内混凝土强度增长的影响。

6.1.12 泥浆外运及现场清理

钻孔灌注桩施工过程中，定期将钻渣运至指定地点，桩基施工完毕后，将泥浆池内的泥浆和钻渣及时清运出场。

泥浆池分层回填压实，施工现场遗留物清理干净。

泥浆外运使用的运输车辆必须保证运输途中不遗洒，保护好周围环境。

6.1.13 截桩头

灌注桩混凝土养生完成后，开挖基坑，基底高程低于承台底下垫层底面高程。在基坑内采用集水坑配抽水机降低施工水位，水位控制应以不影响基底承载力为准，为下一步系梁及墩柱施工提供可靠的基础及足够的作业面。

将桩顶高程以上部分凿除。在凿除过程中注意保护好桩基钢筋。在凿除至桩顶高程附近时，减小施工设备的冲击力，避免影响桩顶混凝土强度。

检查桩头处混凝土，外观质量是否均匀，含杂质是否多，钢筋笼、桩顶是否符合规范要求，如不符合要求，则必须继续往下凿除灌注桩混凝土，直至满足要求为止。

截除桩头混凝土时要保护好混凝土内超声波探测管，待混凝土强度达到超声波检测的要求后，进行无破损检测。

灌注桩质量检测评定合格后，方可进行下一道工序的施工。

6.2 水上段桩基施工

6.2.1 钢护筒

6.2.1.1 制作钢护筒

(1)钢护筒用宽度1.5m、厚度10mm的钢板卷制而成(图6-6)，直径2.1m。钢护筒卷制成型后焊接至需要的长度(图6-7)。

(2)为了保证钢护筒在安装前不变形，内部用钢十字架支撑。

图6-6 卷制钢护筒

图6-7 钢护筒焊接

6.2.1.2 安装钢护筒

(1)在桩基平台上安装提前制作好的导向架。导向架安装完成后，再一次复核桩位中心，确定桩中心与导向架中心在同一位置后进行钢护筒的安装。

(2)钢护筒安装采用浮吊吊装就位并分节接长，第一节钢护筒安装到高出便桥80～100cm时，用工字钢焊4个支撑点固定在钻孔平台的工字钢上，再起吊下一节钢护筒进行接长。对接时应四周转动，寻找最佳位置，以保证衔接的直顺度。在对接口处，两节护筒端部各平焊具有一定厚度带栓孔的钢板，将撬棍穿过栓孔撬动，使对接口对齐，然后焊接牢固。对接完成后在焊缝周围竖向焊接6～8块20cm×10cm×1.4cm的连接片。

(3)钢护筒准确就位后，用25t浮吊吊起功率为60kW的振动锤将钢护筒打入，振动时浮吊根据护筒下沉情况逐渐放松钢丝绳，待其振动到根据地质资料确定的深度或最终贯入度达到5cm/min后停止。在夹有粗砂的孔位，钢护筒很难一次振动下沉到位，下沉停止后，先开钻钻出护筒底端3m，接长钢护筒，再用振动锤打入，直到钢护筒底深入到预期高程为止。钢护筒顶部一般高出平台40cm左右，将钢护筒用工字钢焊4个支撑点固定在平台上，以防坍孔时护筒沉落或偏斜。

钢护筒的下沉及安装分别如图6-8、图6-9所示。

图6-8 钢护筒下沉

图6-9 钢护筒安装

水上桩基钢筋笼下放如图 6-10 所示。

图 6-10　水上桩基钢筋笼下放

6.2.2　钻孔

(1)钢护筒安装完成后,将与钻孔施工相邻的钢护筒通过钢板导流槽连接,作为泥浆循环池。

(2)开孔时先制作泥浆,钻进过程中及时加入黏土保证泥浆的需求量。泥浆循环过程中,安排专人在导流槽口过滤钻渣。

(3)灌注混凝土时,根据灌注速度在确保水头的情况下抽取护筒内泥浆,避免污染水源地。

其他工艺与陆地段施工相同。

第7章 下部结构

7.1 陆地段施工

7.1.1 系梁

7.1.1.1 系梁钢筋绑扎

(1)经检查灌注桩外露钢筋长度满足设计要求后,按图纸要求折弯钢筋以满足桩柱直径的变化,焊接墩柱钢筋。

(2)在混凝土垫层上按设计要求标注出每根钢筋位置,确保半成品钢筋就位准确。

(3)钢筋外部采用混凝土垫块支垫,保证系梁钢筋保护层厚度。

系梁钢筋绑扎如图 7-1 所示。

图 7-1 系梁钢筋绑扎

7.1.1.2 系梁模板

(1)底模采用现浇混凝土垫层,侧模采用钢模板。钢模板及其配件应按批准的加工图加工,进场前应对零部件的几何尺寸和焊缝进行全面检查,并进行组装,检查各项工作性能。

(2)模板拼装前,应涂刷同一品种脱模剂。按照图纸设计拼装钢模板,采用 5cm×8cm 木方、ϕ48mm×3.5mm 钢管、ϕ14mm 对穿螺栓对钢模板进行加固并准确定位钢模板。

(3)模板不得与脚手架连接,避免脚手架的荷载变化及设备工作时的振动引起模板变形。

(4)为防止模板底部漏浆造成蜂窝麻面现象,模板就位前在其底口粘贴海绵条。

(5)模板应平整,接缝严密,不漏浆,保证结构物外露面美观,线条流畅。模板的支设如图 7-2 所示。

图 7-2 系梁模板支设

(6)模板安装完毕后,应对其平面位置、顶部高程、节点联系及纵横向稳定性进行检查,符合要求后方可浇筑混凝土。重复使用的模板、支架应经常检查、维修。

(7)浇筑混凝土时,若发现模板有超过允许偏差变形值的可能,应及时纠正。

7.1.1.3 系梁混凝土浇筑

混凝土应按 30cm 厚度分层浇筑,在下层混凝土初凝前浇筑完上层混凝土,分层应保持水平。采用插入式振捣器振捣混凝土,每次移动距离不应超过振捣器作用半径的 1.5 倍,与侧模应保持 5～10cm 距离,插入下层混凝土 5～10cm。振动棒应按照"快插慢提"的方式操作,每点振动完毕后应边振动边徐徐提出振动棒。避免振动棒碰撞模板、钢筋及其他预埋件。对每一振动部位,必须振动至该部位混凝土密实,以混凝土表面停止下沉,不再出现气泡且表面呈现浮浆为度。浇筑混凝土期间,设专人检查支架、模板、钢筋和预埋件等稳固情况,当发现有松动、变形、移位时,及时处理。

混凝土浇筑完毕后,及时覆盖,保温、保湿养生。

7.1.2 墩柱施工

7.1.2.1 墩柱模板

(1)模板使用前将模板表面打磨除锈,除净灰尘,使模板表面光洁、无杂物,同时确保模板干燥,组装检查其工作性能。满足施工要求的模板,在其内部粘贴脱水模板布后进行拼接。

(2)精确定位墩柱中心点,根据中心点画出墩柱外轮廓线。

(3)模板安装位置确定以后,采用碗扣式脚手架搭建临时施工作业平台,脚手架顶用木板平铺宽度 50cm 的工作平台,以避免在后期施工中作业人员及各种机具直接在模板顶施工作业，工作平台侧面悬挂高 1.4m 的安全网，以保证安全。

(4)在墩柱螺旋筋外侧绑扎塑料垫块保证墩柱钢筋保护层厚度，用 25t 汽车吊配合施工人员吊装模板就位。

(5)模板安装完毕后，模板周边用手动葫芦及钢丝缆绳加固，调整模板中心及垂直度，保证墩柱模板不出现位移、倾斜，用高强度等级砂浆将模板底口封闭，但保留 1～2 处缺口，在混凝土浇注前再次对模板进行冲洗，将水排出之后再封住缺口，然后进行混凝土浇筑作业。

7.1.2.2 墩柱混凝土浇筑

(1)安放浇筑混凝土串筒，串筒底口距混凝土顶面高度不大于 2m。

(2)混凝土分层浇筑，每层厚度约 30cm。按照先周边后中间的顺序振捣。混凝土振捣时，上一层混凝土要伸入下一层 5～10cm，振捣时严禁碰撞钢筋和模板，应与模板保持 5～10cm 的距离。禁止将振动棒置于钢筋笼上进行混凝土捣固的做法。混凝土振捣时不得出现漏振和过振现象，做到“快插慢提”。混凝土浇筑完毕后，与下道工序混凝土接合面应及时进行凿毛工作。墩柱混凝土浇筑如图 7-3 所示。

7.1.2.3 墩柱混凝土养生

混凝土浇筑完成后，尽快进行覆盖养生。待混凝土强度达到 2.5MPa 后拆除模板。墩柱混凝土采用柱顶不间歇洒水、柱身密包塑料布的方法进行保水养生(图 7-4)。

图 7-3 墩柱混凝土浇筑

图 7-4 墩柱养护

7.2 水上段施工

7.2.1 搭设施工平台

施工平台平面图如图 7-5 所示。当施工水位比系梁底高程低 1m 左右时，在系梁底高程以下的桩基钢护筒上焊接牛腿，牛腿与 2[30 槽钢焊接在一起，牛腿水平方向长 50cm，竖直方向长 30cm(图 7-6 和图 7-7)。用 2I40a 的工字钢作为垫梁固定在牛腿上，40a 工字钢长 12m。垫梁顶横向铺设 4m 长的 10cm×15cm 的方木，方木间距为 20cm，方木两端用铁丝将其固定在垫梁上。

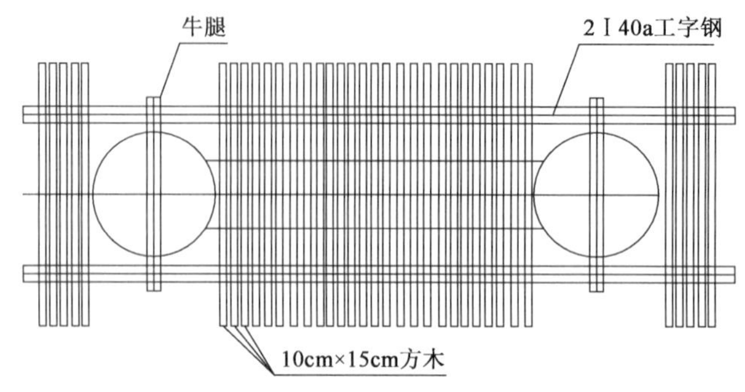

图 7-5 施工平台平面图

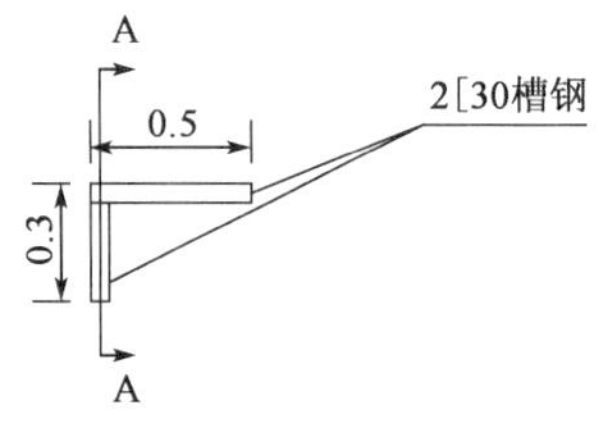

图 7-6 牛腿立面图(尺寸单位:m)

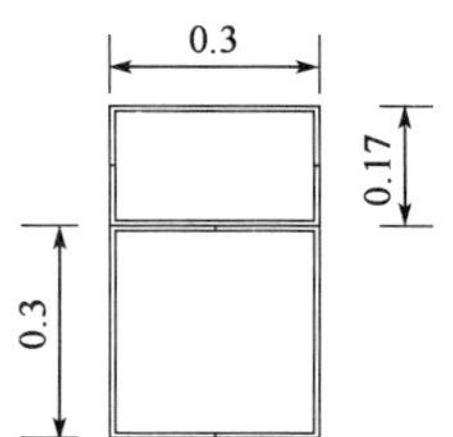

图 7-7 A-A 截面(尺寸单位:m)

7.2.2 安装系梁模板

(1)方木固定后，铺设竹胶板作为系梁底模，标注出钢筋的位置(图 7-8)。

图 7-8 底模铺设

(2)侧模采用订做的定型钢模板，侧模安装在底模上，拼接顺适，密封接缝。

墩柱其他施工工艺与陆地段工艺相同。

7.3 钢围堰施工

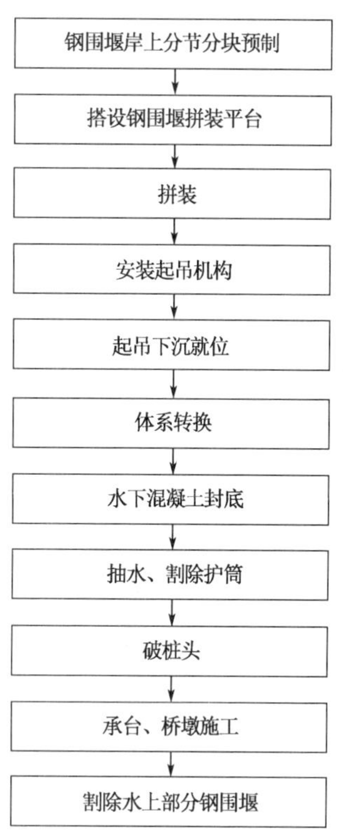

图 7-9 钢围堰施工工艺流程

施工水位达到溢洪水位时，水中墩的灌注桩头、系梁等均处于水面以下。在打入钢护筒时，根据其他桩的施工经验，在系梁底高程以下的桩基钢护筒上预先焊接牛腿，牛腿与2[30槽钢焊接在一起，牛腿水平方向长50cm，竖直方向长30cm。高程要满足钢围堰底的结构厚度及封底混凝土厚度的需要。钢围堰施工工艺流程如图7-9所示。

7.3.1 钢围堰制作

根据现场起吊设备的能力，钢围堰采取分块、分节加工制作、安装的工艺。制作工艺流程：按设计图下料→按划分单元分榀制作水平桁架→按单元组拼骨架（隔舱板组焊于其上）→按节组拼骨架→检查、校正骨架→围焊内、外壁板→水密试验，检查焊缝质量并补焊→焊制吊耳、锚环，画高度标尺→成品检查验收→吊运接高。钢围堰成品如图7-10所示。

（1）水平桁架、竖向桁架及其他骨架应在地模和组拼胎架上组拼，不符合精度要求者用起道机和顶杆校正，焊接时，先点焊，再从一端向另一端依次进行。为防止焊接变形，需夹持施焊。

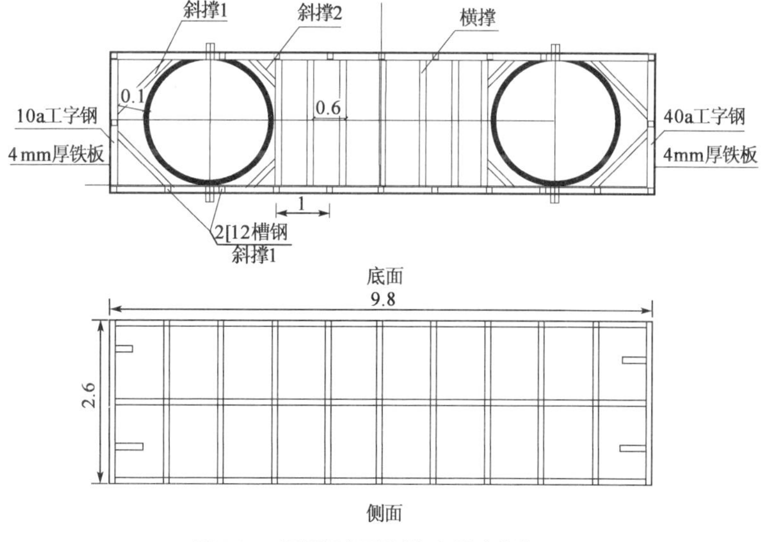

图 7-10 钢围堰底面及侧面（尺寸单位：m）

(2)为减少焊接应力及变形,除正确制定焊接顺序及工艺外,还可根据焊缝方向及部位,适当加骑缝板或临时拉板,以减小变形。

(3)在样台上进行钢围堰分节组拼。组拼不符合要求的用顶杆撑和5t导链滑车进行校正。

(4)每节钢围堰的吊耳根据浮吊的起吊质量和起吊高度进行受力分析和计算。

(5)制作精度:曲线部分半径差值不超过0.5%壁厚;钢围堰壁表面不向外突出或倾斜,每节倾斜度不大于0.2%;钢围堰骨架构件拼装误差不超过3mm。

7.3.2 安装钢围堰

(1)拼装好的钢围堰进行全面检查调整,用浮平台及浮吊安装钢围堰。

(2)钢围堰下沉到预先焊在钢护筒的牛腿上试就位,测量钢围堰的姿态,通过潜水员在牛腿上调整垫块来调平钢围堰,保证钢围堰顶部高出水面80cm。

(3)钢围堰重量全部由牛腿支撑稳固后,方可摘除浮吊的钢丝绳。

7.3.3 钢围堰水下混凝土封底

(1)潜水员到水下用砂浆袋封堵钢围堰与护筒间的缝隙,以免封底混凝土漏出。

(2)通过计算,水下封底混凝土厚度需要达到80cm以平衡浮力,避免围堰抽水后上浮。

(3)采用输送泵进行水下封底混凝土的浇筑,在混凝土浇筑过程中要及时检查混凝土厚度,要求高出设计值10cm。

(4)采用水泵抽水的方式排出钢围堰内封底混凝土置换出的水。

(5)混凝土终凝后,抽干钢围堰内的积水,观察封底效果及钢围堰变形情况。

(6)钢围堰内焊接工字钢支撑,防止钢围堰变形。

(7)复核封底混凝土高程,将多余部分凿除,砂浆抹面作为系梁底模。

除钢筋以半成品绑扎、模板分解后拼装外,其余工作与陆地施工相同。

7.4 盖梁施工

7.4.1 安装模板

7.4.1.1 预埋PVC管

墩柱浇筑混凝土时,在盖梁底高程以下87cm的墩柱中顺桥方向预埋一根ϕ100mm的PVC管(PVC管内底面距盖梁底87cm),作为穿插钢棒的预留孔。为保证钢棒周围局部混凝土的抗压能力,绑扎墩柱钢筋时,在预埋PVC管的周围增加ϕ12mm螺旋筋进行局部加强，PVC管必须保证水平。

7.4.1.2 安装钢棒

将2根直径为9cm、长2.2m的钢棒分别穿入墩柱预留孔中（顺桥方向），钢棒在墩柱两端外露长度一致，作为盖梁模板及工作平台的支撑点。

7.4.1.3 安装工字钢

将2根长14m的56b工字钢在陆地上并排立起，2根工字钢用4道ϕ14mm对拉丝对拉加固。加固完成后在工字钢上焊接ϕ28mm的"L"形钢筋作为防护栏杆，栏杆侧面挂密目网，底面挂平网（大样见图7-11）。工字钢连接完成后，用吊车将工字钢架安装到钢棒上，工字钢架与钢棒焊接。

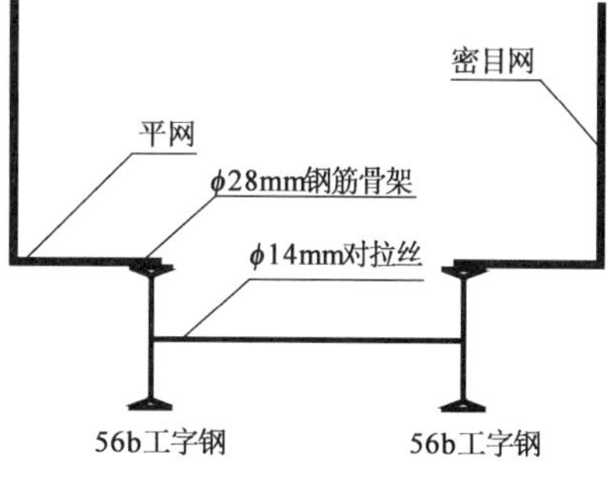

图7-11 工字钢焊接立面图

7.4.1.4 安装底模

工字钢架安装固定完毕后，将柱顶混凝土凿毛，露出混凝土粗骨料，冲洗干净，放出桥墩中心线，根据中心线测放出盖梁边线，将10cm×15cm×400cm的大方木安放到工字钢上，按照20cm间距布置，方木和工字钢之间用铁丝绑扎固定。大方木布置完毕后，在垂直大方木的方向上按照中心间距15cm布置5cm×7cm小方木，然后从墩柱处的两个半圆模板开始向盖梁跨中依次安装1.2cm厚的竹胶板作为底模，最后安装两端的斜板。底模接缝间垫3mm厚的海绵条，防止接缝漏浆造成混凝土表面蜂窝、麻面。

7.4.1.5 盖梁钢筋绑扎

（1）将预先绑扎好的钢筋骨架吊装至盖梁底模上，调整好与墩柱预埋筋的关系（图7-12）。

（2）钢筋底面用混凝土垫块进行支垫，确保盖梁底面钢筋保护层厚度。

（3）固定盖梁垫石预埋钢筋前，先准确测设出垫石平面位置，然后把垫石预埋钢筋精确安装。如果盖梁顶钢筋与预埋钢筋发生冲突，盖梁顶钢筋作适当调整。

图7-12 盖梁钢筋安装

其他工艺与系梁施工工艺相同。盖梁混凝土浇筑如图 7-13 所示。

图 7-13　盖梁混凝土浇筑

第8章 箱梁预制

8.1 模板

8.1.1 模板制作

8.1.1.1 底座

(1)箱梁底模采用30cm C25混凝土浇筑,平面面积与箱梁底面积相同,在捆绑吊装的位置预留槽口。

(2)底模混凝土表面按设计要求的反拱度打磨平整后,铺4mm钢板与底模混凝土贴和紧密,钢板接缝间隙1~2mm,用硅酮密封胶密封,满足钢板热胀冷缩的要求。

(3)钢板表面打磨光滑,四周边缘整齐顺直。

8.1.1.2 钢模板

(1)钢模板采用由专业模板工根据设计图纸生产的定型钢模板,在模板厂加工、试拼、检验合格后运输到工地使用。

(2)在箱梁模板外侧设置的附着式振捣器的附着点间距为1m。

(3)内模设置机械式伸缩装置,留有检查底板混凝土浇筑情况的开孔。

(4)端模预留钢筋、波纹管的开孔位置要准确,孔眼大小合适,既方便模板拆装,又减少漏浆。

(5)负弯矩预应力张拉孔采用8mm钢板,加工成梳形板,相互嵌挤,防止变形。

(6)箱梁翼板预埋湿接缝钢筋处边模采用梳形钢板,在梳齿缝外侧抠出钢筋位置贴竹胶板条,以减少漏浆。

(7)采用与侧模连接的工字钢,从顶部向下压住内模,防止内模上浮。

8.1.2 模板安装

(1)模板进场后首先要进行试拼,熟悉模板组成及操作要点,检查模板的工作性能,提前消除制作时产生的细微误差后方可使用。

(2)模板采用人工配合龙门吊安装。外模逐块安装,内模在场地内按节拼装固定成型后吊入骨架内连接成整体(图8-1)。

(3)模板表面涂刷脱模剂,拼缝处贴双面胶条密封。

(4)需预埋支座钢板的箱梁,钢板大小和预埋位置、角度等均要根据图纸严格控制。

图 8-1　箱梁模板支设

8.2　钢筋

(1)半成品钢筋从钢筋加工棚运到现场按图纸绑扎,严格控制钢筋间距,绑扎要牢固(图 8-2)。

(2)采用高强塑料垫块作为保护层垫块,垫块相互错开,分散设置在钢筋外侧,呈梅花形布置,不得横贯混凝土保护层的全部截面。垫块在结构的构件侧面或底面所布设的数量应不少于 3 个/m^2,重要部位宜适当加密。

(3)箱梁钢筋安装重点注意腹板、底板和顶板渐变段及预应力锚具附近位置,这些部位较为关键且钢筋设计复杂,必须仔细调整位置避免冲突,不得遗漏。

图 8-2　箱梁钢筋绑扎

8.3 波纹管与锚垫板

(1)箱梁腹板和底板采用 OVM15-4 和 OVM15-5 锚具,ϕ55mm 金属波纹管,顶板采用 BM15-4 和 BM15-5 扁锚,ϕ70mm×25mm、ϕ90mm×25mm 金属波纹管。

(2)在腹板箍筋上根据设计焊接好定位钢筋,定位钢筋的间距为直线段 100cm,曲线段 50cm,焊接高度为波纹管底的高度,根据设计图纸设计坐标定位,确保管道在浇筑混凝土时不上浮、不变位。

(3)波纹管在安装前应将其整形并去掉毛刺。

(4)管道位置的容许偏差平面不得大于 10mm,立面不得大于 5mm。如果管道与钢筋位置有冲突,应保证管道位置不变,适当挪动钢筋位置。

(5)锚垫板轴线与波纹管轴线方向一致,且与垫板垂直。

(6)波纹管必须连接时,应采用大一号的波纹管将波纹管套接,接头长度不小于 30cm,接头处用塑料胶带包严。

(7)所有管道与管道间的连接及管道与喇叭管的连接应确保其密封性。

(8)波纹管安装后注意加强成品保护,不得在波纹管附近施焊,如不得不施焊时,可在波纹管上用湿布临时遮挡,防止波纹管被电焊烧穿。

(9)管道安装完毕后,其端口应采取可靠措施临时封堵,防止水或其他杂物进入。

(10)浇筑混凝土前应派专人对管道进行仔细检查,尤其应注意检查管道是否被电焊烧伤,出现小孔。

(11)为防止浇筑箱梁混凝土时波纹管漏浆影响钢绞线穿入,先在波纹管中穿入塑料管代替钢绞线,混凝土浇筑完成后,再将塑料管抽出,重新穿入钢绞线。

8.4 混凝土浇筑

(1)预制箱梁混凝土由罐车运输至现场后,采用龙门吊起吊料斗,将混凝土浇入模板。

(2)混凝土浇筑按底板→腹板→顶板的顺序进行(图 8-3)。

(3)底板混凝土从内模的开孔处和腹板处浇筑,用插入式振捣器振捣,人工整平后在内模开孔处覆盖竹胶板,并用方木压紧,防止浇筑腹板时底板混凝土在腹板混凝土的压力下鼓起。

图 8-3 箱梁混凝土浇筑

(4)腹板混凝土主要采用附着式振捣

器振捣，插入式振捣器配合。混凝土斜向分层放料，每层 20～30cm，每层放料完成后用插入式振捣棒振捣，腹板浇筑成型后用高频附着式振捣器振捣 4～5 次，每次振捣时间约 10s。

（5）采用插入式振捣器振捣时，按照“快插慢提”方式操作，水平移动不超过振捣器作用半径的 1.5 倍，振动棒与模板保持 5～10cm 的距离，混凝土振捣时振动棒不得碰触模板、钢筋及波纹管，同时也不要漏振或过振。每一振动部位必须振动到混凝土停止下沉、不再出现气泡且表面呈现浮浆为止。

（6）附着式振捣器左右对称布置，根据浇筑进度从后向前按振捣→拆卸→安装→振捣的顺序循环进行。

（7）混凝土浇筑过程中安排专人值班，全程检查模板垂直度、支撑的松紧情况，发现问题及时纠正。

（8）为使现浇桥面铺装与箱梁顶面紧密的结合，预制箱梁混凝土浇筑完成后应及时清除板顶浮浆，在顶面混凝土初凝前横桥向拉毛。

（9）浇筑过程中和结束后，要不停地抽动波纹管内的塑料管，防止波纹管渗入水泥浆凝固，影响钢绞线穿入。

（10）在梁端底板中心附近设置一直径 5cm 的排水孔。排水孔进水口应低于箱梁底板顶面。拆模后检查排水孔是否畅通，以防梁内积水。

8.5　拆模、养护及凿毛

（1）内模在顶板混凝土强度能保证其表面不发生塌陷或裂缝现象时拆除，外模在混凝土抗压强度达到 2.5MPa 后拆除，拆模时间要根据气温等影响混凝土强度增长的因素确定。

（2）箱梁顶面采用覆盖保湿养生，箱内、侧面及翼板底面采用喷雾器喷雾保湿养生（图 8-4）。

图 8-4　箱梁养生

(3)需凿毛部位:①翼板侧面(湿接缝混凝土接触面);②中横梁和端横梁断面(连接处混凝土接触面);③端头立面(现浇中横梁接触面)。

8.6 正弯矩预应力施工

8.6.1 穿束

钢绞线穿束时,为了降低穿束难度,避免钢绞线头将波纹管划破,在钢绞线端头套一个钢珠和钢管焊接成的圆头并用塑料胶带缠裹,穿束完成后取下。

8.6.2 预应力张拉

预应力筋采用 ϕ15.20mm 的低松弛钢绞线(GB/T 5224—2003),f_{pk}=1 860MPa。预应力张拉采用张拉力和伸长量双控,控制张拉力采用设计值,钢绞线伸长量通过计算确定控制值,实际伸长量与理论伸长量的误差范围控制在±6%以内。

8.6.2.1 施工准备

(1)张拉用千斤顶和压力表在使用前由专业计量机构进行标定,并建立张拉力与压力表读数之间的关系曲线。

(2)计算理论伸长量,并根据千斤顶、压力表的标定报告,计算油表读数。

(3)预应力施工前检验箱梁外观和尺寸是否符合质量标准要求;检查梁体混凝土质量,有无蜂窝、麻面、孔洞、露筋,锚垫板处有无空洞,如有须进行修补至符合质量要求后方准张拉。

(4)箱室内杂物清理干净,清除锚垫板和钢绞线上的污物、油脂,擦洗锚具上的油污,清洗夹片。

(5)将张拉钢束的顺序号写在锚垫板上,以免出错。

(6)通过同条件养生的混凝土试件抗压试验取得箱梁混凝土强度,混凝土强度大于或等于90%设计强度且养生龄期满7d以后,方准许进行预应力张拉。

8.6.2.2 预应力张拉

(1)安装工作锚环和夹片。将钢绞线穿入锚环上对应的孔,使锚环紧贴锚垫板,在每孔内钢绞线外侧装入两片夹片,用钢管套在钢绞线上将夹片打入锚孔,要求两夹片外露面平齐且间隙均匀。

(2)安装限位板。限位板上的孔穿入钢绞线,使限位板紧贴锚环。

(3)安装千斤顶。钢束穿过千斤顶,千斤顶紧贴限位板,使千斤顶、限位板、锚环、锚垫板的中心都在同一轴线上(即“四对中”)。

(4)安装工具锚环、夹片操作步骤同(2)。工具夹片的光面应先抹少许石蜡后再装入，便于张拉结束或中间千斤顶退顶时夹片退出。

(5)开动油泵先少许加油，千斤顶保持适量油压后，稍松千斤顶吊索，调正千斤顶，使其在受力状态下保持“四对中”。

(6)张拉工作流程：

无应力→初应力(10%σ_k)→2倍初应力(20%σ_k)→100%σ_k→持荷5min→锚固

记录各阶段张拉缸的行程　　实际伸长值与理论伸长值校核

$$\text{实际伸长量计算}\ \Delta L=(L_3-L_1)+(L_2-L_1)$$

式中：ΔL——钢束实际伸长量；

L_1——张拉到初应力时千斤顶油缸伸出量；

L_2——张拉到2倍初应力时千斤顶油缸伸出量；

L_3——张拉到100%设计应力时千斤顶油缸伸出量。

预应力筋采用应力控制张拉时(图8-5)，以钢绞线伸长值进行校核，实际伸长值与理论伸长值的差值应符合设计规定。

①达到初应力后暂停张拉，记录张拉缸行程，作为测算实际伸长量的起点数值。

②张拉缸继续进油，分级张拉并做好记录，达到张拉控制应力后持荷5min，计算出各阶段伸长值并与理论伸长值校核，核对伸长量是否符合规范要求，否则应停止张拉分析原因，采取措施后再进行张拉。

③张拉缸回油即进行锚固。张拉缸全部回零，卸工具锚。千斤顶全部回零，卸除千斤顶，检查钢绞线回缩值，并画线作标记。

图8-5　预应力筋张拉

(7)钢束采用左右对称张拉，张拉顺序为“N1-N3-N2-N4”。

(8)同一束钢绞线两端对称张拉，张拉速度保持一致。

8.7 压浆

8.7.1 准备工作

8.7.1.1 现场清理

(1)用砂轮切割机切割锚头外钢绞线,使切割后钢绞线的余留长度大于或等于 3cm。

(2)锚具外面的预应力束间隙用水泥膏封堵严密,防止漏气,以保证孔道压浆的质量。

(3)孔道进行清洁处理:冲洗清除附着于孔道内壁的杂质;对孔道内可能存在的油污等,采用对预应力筋和管道无腐蚀作用的中性洗涤剂或皂液,用水稀释后进行冲洗;冲洗后,应使用不含油的压缩空气将孔道内的所有积水吹出。

(4)清洗压浆设备,清洗后的设备不应有残渣和积水。

8.7.1.2 水泥浆的拌制

(1)水泥浆要具有较好的流动度,水胶比 0.26～0.28,灰浆流动度控制在 10～17s 之间,泌水率为 0,压力泌水率≤2.0%,自由膨胀率:3h 内为 0～2%,充盈度:合格。

(2)水泥浆拌和容器内先加水再加入水泥,拌和时间不少于 1min,灰浆过筛后存放于储浆桶内,拌和过程中要时刻保证低速搅拌。水泥浆制备数量保证每根管道压浆一次连续完成的数量,水泥浆调制完毕后要及时使用,保证自调制到压入管道的间隔时间不超过 40min,且在使用前和压注过程中应连续搅拌,因延迟使用导致流动度降低的水泥浆,不得通过额外加水增加流动度。

8.7.2 真空压浆

(1)将水泥浆加到灌浆泵中,打出一部分浆体,待打出浆体的浓度与灌浆泵中的浓度一致时,将输浆管固定到孔道的压浆管上。

(2)启动真空泵进行抽真空,当孔道真空度稳定在－0.06～－0.1MPa 之间时,打开第一个阀门,启动灌浆泵开始压浆,压浆过程中应注意观察储浆桶中的水泥浆是否正常,压力表读数是否正常。当观察到空气滤清器有浆体经过时,关掉真空泵及球阀,打开第二个阀门。

(3)观察排气管的出浆情况,当浆体稠度和压入之前稠度一样时,关掉排气阀,仍继续压浆使管道内压力表读数有 0.5～0.7MPa 的压力(不能超过 0.7MPa 压力),3～5min 后关掉球阀。

(4)将输浆管、真空泵端活接头拆下,清洗空气滤清器,然后接到另一组孔道,按以上步骤重新开始压注另一组孔道。

(5)压浆完成后,拆掉空气滤清器,清洗输浆管、搅拌机、阀门、空气滤。

(6)压浆注意事项:

①真空灌浆成功与否取决于孔道是否能密封,关键在于波纹管接头的密封以及工作锚板的密封(工具罩封锚或水泥砂浆封锚)。真空泵应能达到 0.1MPa 负压力。

②真空灌浆施工要顺利进行,需要真空泵和灌浆泵保持良好的工作性能,设备的保养与操作要按相应的设备操作规程进行。所有设备在灌浆操作中至少每工作 2h 用净水彻底清洗一次,每天使用结束时也应清洗一次。

③压浆时,从较低一端的压浆孔压入,另一端的排气孔排气。压浆顺序先压注下层孔道,再依次压注上层管道。

④压浆结束后,立即将压浆机械用清水冲洗干净,防止水泥浆在机械内凝固。

⑤压浆应缓慢、均匀地进行,不得中断,较集中和邻近的孔道,宜尽量先连续压浆完成,不能连续压浆时,后压浆的孔道应在压浆前用压力水冲洗通畅。

⑥水泥浆强度达到 40MPa 以后,方可吊运箱梁。

8.8 箱梁存放

(1)箱梁堆放必须采用四点支撑堆放,支撑垫块顶面位于同一平面内,误差不大于 2mm。支撑中心顺桥向距梁端 30cm,横桥向距腹板外边缘 20cm,支撑垫块尺寸为 30cm×30cm。

(2)存梁层叠不超过 3 层。

(3)从箱梁预制到吊装完成,再到浇筑完横向湿接缝的时间不得超过 3 个月。

第 9 章　箱梁安装及体系转换

9.1　支座

9.1.1　普通板式橡胶支座

清理支座垫石，使之表面平整光洁，用环氧砂浆将支座粘贴在支座垫石上，高程符合设计要求。箱梁端头湿接缝底模安装时应避免支座产生初始剪切变形。

9.1.2　四氟板式橡胶支座

(1)支座下钢板用环氧砂浆粘贴在支座垫石上，四氟板式橡胶支座按设计支承中心准确就位。

(2)将不锈钢板采用硅酮玻璃胶黏结到上钢板上。箱梁安装时，将上钢板与梁底预埋钢板采用断续焊焊接，同支座全部密贴；同一片梁的四氟板支座处于同一平面上，避免支座的偏心受压、不均匀支承及个别脱空的现象。

(3)不锈钢表面不允许有损伤、拉毛现像，以免增大摩阻系数及损坏四氟板支座。

(4)为防止梁与支座发生横向滑移，宜用木制三角垫块在梁体两侧加以定位，待箱梁就位完毕后拆除。

9.1.3　临时支座

(1)临时支座采用壁厚 6mm 的圆筒形组合式砂箱，下半部分为直径 20cm 盛砂的砂筒，上半部分为直径略小于下部砂筒的实心混凝土筒，插于砂筒之内，通过砂筒内砂的多少来调节临时支座的高度。砂筒中下部安装螺丝开关，便于将来拆卸临时支座时通过螺丝口放出筒内的砂。砂箱式临时支座如图 9-1 所示。

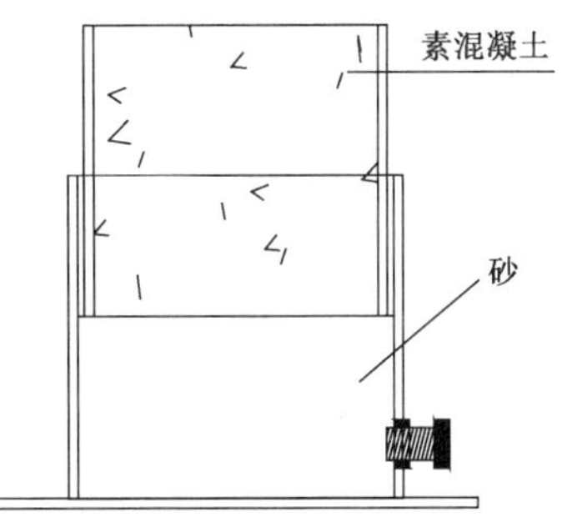

图 9-1　砂箱式临时支座

(2)砂箱中的砂采用 1mm 网目的筛网筛过，使用前将砂用烘箱烘干，以防止砂中含水过多而在砂箱中结块难以放出。

(3)临时支座按照设计位置摆放平稳并严格控制

高程,实际施工时临时支座顶的高程＝设计梁底高程＋砂箱沉降量。

(4)箱梁安装就位后,由于部分箱梁仍需承受运梁拖车、架桥机行走和横移等荷载,因此根据实际受压情况,将砂箱高程在原设计基础上适当抬高。

9.2 架桥机组装

9.2.1 施工准备

(1)将0号桥台台背回填并按要求压实,高程与背墙高程相同,作为吊车组装架桥机的工作面。

(2)现场管理人员就位,并对吊车及其他配合机具进行一次全面检查,所有的安全装置必须齐全可靠,工况良好,并消除机械缺陷。

(3)作业中使用的安全带、速差保护器、保险绳应检验合格,严防安全设施存在隐患。

9.2.2 拼装架桥机

9.2.2.1 安装顺序

架桥机吊装及安装顺序分别如图9-2和图9-3所示。

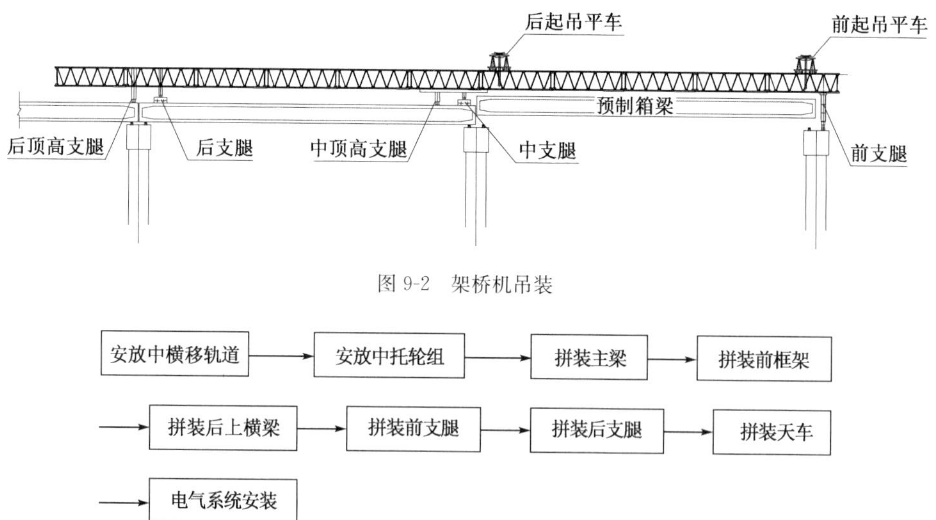

图9-2 架桥机吊装

图9-3 架桥机安装顺序图

9.2.2.2 安放中横移轨道

(1)枕木:于架梁区靠近桥台处横向摆放枕木,枕木间距约0.5m,水平方向摆放,枕木与枕木间平行布置,且都与前桥墩平行。

(2)横移轨道:用汽车吊把横移轨道各节摆放于枕木上,横移轨道与枕木间结合要严实。

(3)连接:用M24×80螺栓把各节横移轨道连成一体,与前桥墩平行,并保持轨道水平。

(4)支垫:横移轨道与枕木间有间隙或不太严实的地方,用钢板支垫密实,特别注意横移轨道的悬臂端要与枕木密实,防止因与枕木结合不密实而导致悬臂端下沉。

9.2.2.3 安放中托轮组

(1)中托轮下轮组:将电机安装位置朝向后方,把中托轮下轮组摆放在中横移轨道上,与运梁平车轨道相对。

(2)安装电机减速机总成:中托轮下轮组由齿轮边脱离轨道,轮齿上涂抹适量的润滑油,用M12×60螺栓把电机减速机总成安装在中托轮下轮组上,并添加齿轮油。

(3)安装旋转座:摆放旋转座于中托轮下轮组上,安装旋转销轴及M40螺母、垫片。

(4)安装反托轮组:摆放反托轮组于旋转座上,安装鞍座销轴并插上ϕ8mm开口销。

(5)安装电机减速机总成:轮齿上涂抹适量的润滑油,用M12×60螺栓把电机减速机总成安装在反托轮组上。

(6)中托轮连杆:用ϕ45mm销轴把中托轮组与中托轮连杆连接,安装ϕ8mm开口销。

9.2.2.4 拼装主梁

(1)前端梁节:搭起和中托同样高的枕木垛,用汽车吊把前端梁节摆放在中托和枕木垛上。

(2)依次组拼梁节:另搭起一组枕木垛,用ϕ50mm销轴把梁节与前节梁连接,安装ϕ8mm开口销,然后拆除前一组枕木垛用来搭下一组枕木垛,重复上述步骤按编号依次组拼各梁节(亦可按编号依次组拼各梁节后,再采用大型起重设备整体吊装安放于中托梁上)。

9.2.2.5 拼装前框架

(1)摆放:用汽车吊吊起前框架,对正主梁前端的鞍座。

(2)连接:插上ϕ45mm销轴,插上ϕ8mm开口销。

9.2.2.6 拼装后上横梁

(1)摆放:用汽车吊吊起后上横梁,摆放在末端梁节的横梁固定座上。

(2)连接:用M24×80螺栓进行连接并紧固。

9.2.2.7 拼装前支腿

(1)安装泵站:把花纹板铺设在前支腿位置旁边的主梁桁架内作为工作平台,用铁丝把油泵固定在工作平台上,在油泵里添加46号液压油。

(2)安装千斤顶:用销轴把千斤顶缸体固定端固定在主梁的吊耳上,插上开口销,连接高压油管。

(3)安装电机减速机总成：前支轮组由齿轮边向上抬起，轮齿上涂抹适量的润滑油，用 M12×60 螺栓把电机减速机总成安装在前支轮组上，并添加齿轮油。

(4)安装支腿：用 M24×90 螺栓把前支腿组、标准节、前支腿伸缩管连接成一体。

(5)安装托架：把托架套在伸缩管上，插上销轴，然后用 M12×60 螺栓组把托架、支腿一起安装在主梁上，伸缩管用销轴与千斤顶活塞端连接，插上开口销。

(6)前支连杆：用 ϕ50mm 销轴把前支轮组与前支连杆连接，插上 ϕ8mm 开口销。

9.2.2.8 拼装后支腿

(1)安装泵站：把花纹板铺设在后支腿位置旁边的主梁桁架内作为工作平台，用铁丝把油泵固定在工作平台上，在油泵里添加 46 号液压油。

(2)安装千斤顶：用销轴把千斤顶缸体固定端固定在主梁的吊耳上，插上开口销，连接高压油管。

(3)电机减速机总成安装：后支轮组由齿轮边向上抬起，轮齿上涂抹适量的润滑油，用 M12×60 螺栓把电机减速机总成安装在后支轮组上，并添加齿轮油。

(4)托架安装：把托架套在后支腿伸缩管上，插上 ϕ100mm 销轴，然后用 M30×90 螺栓组把托架、支腿一起安装在主架上，伸缩管用 ϕ45mm 销轴与千斤顶活塞连接，插上 ϕ8mm 开口销。

(5)后支轮组的安装：把后支轮组按照工作状态安放在铺设好的运梁轨道上，且在后支轮正下方，然后把后支连接梁吊放在后支轮上，对正法兰盘，用 M24×80 螺栓把后支轮组与后支连接梁连成一体。

(6)后支连接梁的安装：后支腿伸缩管下落，对正法兰盘，用 M24×80 螺栓把后支腿伸缩管与后支连接梁连接起来。

9.2.2.9 拼装天车

(1)安装电机减速机总成：天车轮组由齿轮边向上抬起，轮齿上涂抹适量的润滑油，用 M12×60 螺栓把电机减速机总成安装在天车左右轮组上，添加润滑油。

(2)安装天车轮组：摆放好已安装电机减速机总成的天车左右轮组，吊起天车梁安放在天车左右轮组上，用 ϕ45mm 销轴和 M12×60 螺栓把天车梁和天车左右轮组连接起来。

(3)安装定滑轮组、起重小车：把定滑轮组、起重小车安放在天车梁上，起重小车在定滑轮组的正上方，安装板簧，用螺栓连接定滑轮组和板簧，调节螺栓，让定滑轮组脱离天车梁，且 M12×60 螺栓有一定的预紧力。

(4)安装小卷扬机：把小卷扬机摆放在座板上，用 M12×60 螺栓连接，安装天车梁另一端的导向滑轮，缠绕钢丝绳。

(5)安装卷扬机：把卷扬机摆放在起重小车上，用 M20×60 螺栓固定，添加齿轮油。

(6)安放天车:把组装好的天车吊放在主梁轨道上。

(7)安装动滑轮、吊具:卷扬机松绳,缠绕钢丝绳,用绳固定钢丝绳,把吊具与动滑轮连接。

9.2.2.10 电器系统安装

(1)安装线架:在主梁侧面、天车梁两端合适位置焊上滑线架,在天车端头、起重小车侧面合适位置焊上挑线架,穿滑线轮,用法兰螺栓张紧滑线。

(2)安装电控柜:在中托位置主梁桁架内用花纹板铺设工作台,然后把电控柜安放在工作台上并固定。

(3)安装附件:在前支轮组、中托梁下轮组、天车轮组上安装缓冲器和限位开关,在定滑轮处安装重锤开关,在卷扬机上安装电阻切除器。

(4)铺设和捆扎线路:铺设卷扬机主线、电阻切除器信号线,铺设重锤开关信号线,铺设天车轮组主线和限位开关信号线,铺设前支轮组主线和限位开关信号线,铺设中托轮组主线和限位开关信号线,铺设前、后泵站主线,铺设后支轮组主线。

(5)调试运行:调整各运行电机转向,使其和控制面板表示一致,调整各运行电机的刹车达到使用要求。

9.2.3 架桥机过孔

架桥机过孔如图 9-4 所示。

图 9-4 架桥机过孔

(1)测量定位,铺设延伸轨道→中顶高支腿顶起,中支腿离开轨道,拆除中支腿横向钢轨,后支腿转向落在纵向钢轨上→起吊平车在后端做配重→收起前支腿→移位前安全检查→整机纵向移动到位,落下前支腿(铺横向轨道)→顶升中顶高支腿(铺横向轨道),中支腿落在横向钢轨上→起升后顶高支腿(铺横向钢轨)→后支腿提升转向落在横向钢轨上→全面试运行安全检查。

(2)架桥机纵向移位时,两起吊平车运行到后支腿后面做配重,并按要求临时固定,以防架桥机纵向运行时失稳。

(3)液压操作提升前支腿,并把横向运行轨道的一段用手动葫芦吊挂在前支腿上。

(4)架桥机纵向运行就位结束后,进行一次全面安全试运行检查:螺栓、销子连接是否牢固;电气线路是否正确;电线是否破损和挤压;液压系统是否正常;轨道接头是否平顺;支垫是否平稳以及轨距尺寸是否正确等。架桥机要进行空载试运行检验,特别横向运行前检查铺轨情况。架桥机运转情况正常后,才能进行箱梁的安装作业。

9.3 安装箱梁

9.3.1 箱梁运输

(1)用龙门吊将箱梁吊起放到拖车上捆绑牢固,由拖车从预制场运到现场的架桥机后端进行喂梁(图 9-5)。

(2)在箱梁运输及安装过程中保证箱梁纵、横倾角不得大于 5°。

图 9-5 箱梁运输

9.3.2 喂梁

箱梁由拖车喂进架桥机后部导梁之间,通过导梁顶的前后两台天车将箱梁吊起。

9.3.3 箱梁安装

(1)前后天车吊起箱梁在架桥机内部纵向移动到位,再由架桥机整体横移将箱梁移动到设计的位置,然后徐徐下放到临时支座上,完成一片箱梁的试安装(图 9-6)。

(2)每片箱梁就位后检查其平面位置、高程、相对水平等控制要点,各控制要点均符合设计及规范要求后方可拆除钢丝绳,完成一片箱梁的吊装。(如不满足要求,应将箱梁再次吊起,重新调整砂箱,保证箱梁底达到设计高程且相对水平。)

(3)安装箱梁时先从柱顶位置向两侧架设。架设时可微调箱梁顺桥向的位置,保证靠伸缩缝的梁端在一条直线上，且缝宽满足设计要求，以方便伸缩缝安装。

(4) 箱梁边梁腹板外侧与挡块之间应留有 5.5cm 的空隙。

图 9-6　箱梁安装

9.3.4　架桥机过孔

(1)测量定位，铺设延伸轨道→中顶高支腿顶起，中支腿离开轨道，拆除中支腿横向钢轨，后支腿转向落在纵向钢轨上→起吊平车在后端做配重→收起前支腿→移位前安全检查→整机纵向移动到位，落下前支腿(铺横向轨道)→顶升中顶高支腿(铺横向轨道)，中支腿落在横向钢轨上→起升后顶高支腿(铺横向钢轨)→后支腿提升转向落在横向钢轨上→全面试运行安全检查。

(2)架桥机纵向移位时，两起吊平车运行到后支腿后面做配重，并按要求临时固定，以防架桥机纵向运行时失稳。

(3)液压操作提升前支腿，并把横向运行轨道(其中一段)用手动葫芦吊挂在前支腿上。

(4)架桥机纵向运行就位结束后，进行一次全面安全试运行检查：螺栓、销子连接是否牢固；电气线路是否正确；电线是否破损和挤压；液压系统是否正常；轨道接头是否平顺；支垫是否平稳以及轨距尺寸是否正确等。架桥机要进行空载试运行检验，特别横向运行前检查铺轨情况。架桥机运转情况正常后，才能进行箱梁的安装作业。

9.4　受力体系转换

(1)一联箱梁全部安装就位后，箱梁在临时支座支持下为简支受力状态。

(2)连接箱梁连续处预留钢筋，绑扎湿接头横梁钢筋(图 9-7)，连接接头板负弯矩束波纹管并穿束，将永久支座的上钢板和上锚固螺栓安装固定。

(3)横梁和湿接缝模板均采用高强覆塑竹胶板，以 5cm×7cm 方木作背楞，现浇横梁

图 9-7　湿接头钢筋绑扎

侧模采用对拉杆固定，底模采用短方木加木楔子固定。湿接缝底面模板采用吊模法。

(4)在一天中气温最低且稳定的时间段，浇筑连续湿接头及桥面板下横隔板混凝土。

(5)湿接头及横隔板现浇混凝土达到设计强度 85%且龄期不小于 7d，张拉负弯矩区预应力钢束，张拉结束后，采用真空压浆法压注水泥浆。

(6)湿接头施工完成后，先浇跨中部分 0.6L 段范围内湿接缝混凝土，然后浇筑剩余部分湿接缝混凝土。

(7)中横梁及负弯矩预应力等接头施工完成后，浇筑剩余部分桥面板负弯矩张拉槽口混凝土。负弯矩张拉及压浆分别如图 9-8 和图 9-9 所示。

图 9-8　负弯矩张拉

图 9-9　负弯矩压浆

(8)待箱梁负弯矩槽口混凝土强度达到设计强度 85%以上后，对称拧下永久支座两侧的临时支座放砂筒螺丝，随着砂的流出，临时支座失效，永久支座受力，完成简支变连续受力体系转换。依次拆除本联内所有临时支座，完成本联受力体系转换。

第 10 章 桥面铺装及其他

10.1 水泥混凝土铺装

10.1.1 处理箱梁顶板

清除箱梁顶板上浮浆，凿除负弯矩张拉槽及湿接缝附近松散混凝土，利用高程测量数据详细检查箱梁顶面各处高程情况，局部超高之处用凿毛机仔细凿除，以确保水泥混凝土铺装层厚度符合设计要求。箱梁顶面上的各种杂物、水泥残渣、浮浆等一并凿除并清理出场，最后用高压水清洗箱梁表面。

10.1.2 安放钢筋网片

水泥混凝土铺装层钢筋网采用 D12 成品钢筋网片。安装摆放时注意平整顺直，采用梅花形布设异形钢筋支撑固定钢筋网片，以保证钢筋网片的竖向位置，保护层厚度满足设计要求。钢筋网片绑扎如图 10-1 所示。

图 10-1 钢筋网片绑扎

10.1.3 振捣梁轨道

(1)混凝土振捣梁轨道采用 ϕ12mm 钢管沿桥面纵向铺设在支撑筋上，一道支撑筋由植入桥面板上的两根竖向 ϕ12mm 钢筋和一根横向 ϕ12mm 钢筋焊接组成。沿中央护栏和边护栏底座分别向内侧 0.5m 处布置两条边轨道，中间均布两条纵向轨道。为保证振捣梁轨道具有足够的刚度和稳定性，单条轨道每 0.5m 布设一道支撑筋，竖向支撑筋植入结束后，严格按照高程焊接横向钢筋，轨道铺设在横向钢筋上，其顶面高程即是水泥混凝土铺装层的控制高程。

(2)每条轨道的平整度、高程、纵坡和横坡的坡度等控制数据都严格控制在桥面铺装对应的各项技术指标允许误差范围之内。

(3)振捣梁轨道铺设完毕后，在同一桩号振捣梁轨道顶，带线调整钢筋网的位置，并将钢筋网与支撑固定钢筋焊接牢固。钢筋网距轨道顶拉线的垂直距离按照钢筋网保护层技术标准控制。

10.1.4 模板支设

在整联箱梁的周边安装竹胶板模板，固定牢靠，保证混凝土浇筑时不发生变形。

10.1.5 水泥混凝土浇筑

(1)混凝土施工前将箱梁顶面杂物清理干净，并适量洒水润湿。

(2)混凝土浇筑由纵坡低处向高处进行。

(3)混凝土利用混凝土输送泵车进行摊铺作业，力求摊铺均匀。插入式振捣器由边角逐步向中心按操作规程振捣，然后用振动梁振动密实并初平。

(4)人工拖动滚筒进一步滚压整平后，用铝合金直尺横桥向来回拉动并匀速向前滑动，工人跟进检查尺面与混凝土接触情况，将高处减料、低处补料找平，严禁利用纯砂浆填补找平。

(5)工人站在跳板上进行抹面，边抹边用3m直尺纵向、横向校核平整度，保证桥面具有良好的大面平整度。

现场混凝土浇筑如图10-2所示。

图10-2 混凝土浇筑

10.1.6 水泥混凝土养生

在混凝土施工过程中应及时采用喷雾器喷洒养护水，防止混凝土出现早期干缩裂缝，喷洒时需均匀。待混凝土终凝且达到一定强度后，覆盖土工织物，安装喷灌系统，根据气温情况，每天定时多次喷淋，保持混凝土面及土工织物的湿润，直到养生期满。

10.1.7 抛丸处理水泥混凝土铺装表面

由于泵送混凝土流动性要求高，砂率为34%，混凝土振捣后表面形成一层砂浆，无粗集料，强度较低，易起皮破碎，与沥青铺装结合差。抛丸在不破坏混凝土强度的情况下将混凝土表面的浮浆清除，露出坚硬的混凝土层，利于水泥混凝土与沥青面层的结合。

10.2 沥青混凝土铺装

10.2.1 橡胶沥青同步碎石封层(防水层)

10.2.1.1 起讫点施工

(1)在起讫点放置宽于洒布宽度50～100cm、长度不小于2m的纸片或隔离布，以保证起讫位置边线垂直，不发生重叠洒布。

(2)洒布车开至施工起点，调整洒布车的喷嘴，按照预定的路线、洒布量进行喷洒(图10-3)。对于洒布不均匀、洒布不到的地方和洒布量检测点，需要人工及时补洒。

图10-3 起讫点施工

10.2.1.2 碎石封层施工

(1)在撒布碎石施工中，为了保证撒布的均匀性，应注意撒布车辆的启动阶段、纵横向交接的位置，不能出现重叠和漏撒现象，如造成局部重叠，应在胶轮碾压前采用人工清理的方法将多余的碎石清扫干净。局部碎石撒布量不足的地方，人工弥补。

(2)橡胶沥青同步碎石封层车起步和终止位置应铺毡垫，以便于准确、整齐地进行横向衔接，设备经过后及时取走毡垫。纵向衔接应与已洒布部分重叠10cm左右，撒铺碎石前禁止任何车辆、行人通过已经洒布好的橡胶沥青层。橡胶沥青封层施工如图10-4所示。

10.2.1.3 碾压及成型

(1)碾压设备采用26～30t胶轮压路机。在撒布机后跟随碾压，碾压的速度控制在6～10km/h，胶轮压路机来回碾压2～4遍(图10-5)，碾压过程中压路机保持匀速行驶，不得随意制动或掉头。

(2)碾压完成后,清扫表面的浮石,以防止飞石。

图 10-4 橡胶沥青封层施工

图 10-5 胶轮压路机碾压

10.2.1.4 接缝

(1)横向接缝放置宽于洒布宽度 50~100cm、长度不小于 2m 的隔离布或油毛毡,待洒布完成后,将其取走,保证横向接缝垂直。在保证不漏洒的情况下,尽量不使接缝重叠范围过长,避免横缝处出现不平整或油包。

(2)纵向接缝在保证不漏洒的前提下,尽可能少重叠。沥青洒布重叠部分控制在 5~10cm。对于纵向接缝,应在先做封层一侧暂留 10cm 左右宽度不撒布碎石,待另一侧封层时沿预留沥青边缘进行同步碎石撒布。

10.2.2 沥青混凝土施工

10.2.2.1 泄水口的处理

(1)为了防止桥面泄水口在沥青施工过程中发生堵塞现象,在桥面沥青铺装前,根据现场泄水口的实际尺寸,用三合板覆盖泄水口(三合板上应安装铁丝弯钩,便于施工结束后拆除三合板)。

(2)在下面层沥青铺装时,沿桥梁两侧人工铺筑 15cm 宽的碎石盲沟带,盲沟带与泄水口相连,以便于排除沥青层渗入的水分。

10.2.2.2 沥青混合料的拌和

沥青混合料采用玛连尼 4000 型拌和站进行集中厂拌。考虑到桥面防水的需要,在设计配比基础上增加 0.1%油石比。

拌和时沥青控制温度 160℃,矿料加热温度 170℃,沥青混合料出料温度 160℃以上,不超过 165℃。

10.2.2.3 沥青混合料的运输

(1)沥青混合料采用大型运输车辆运输,运输车辆采用倒车行驶的方式进入摊铺区域,严禁车辆在桥上掉头,避免对桥面防水层造成破坏。

(2)车辆应按照规定的行车路线行驶,禁止车辆在桥面随意行驶。

(3)沥青混合料在运输途中采取有效覆盖措施,防止表层混合料温度散失过快及表面污染。

10.2.2.4 沥青混合料的摊铺

沥青混合料的摊铺采用 2 台同型号的 ABG7820 摊铺机,成梯队一次性摊铺完成。摊铺注意事项:

(1)在摊铺开始前采用高压风枪吹除作业面的杂物。

(2)检查下卧层温度与沥青混合料的温度是否匹配,如沥青混合料温度低于 140℃,该车混合料不得摊铺。

(3)拌和站开始拌和的头两车料应在摊铺开始的第三顺序喂料摊铺。

(4)保证充分供料,摊铺机连续、均匀地摊铺,避免间歇和停顿。

(5)尽量做到摊铺机不收斗拢料,以减小沥青混合料的离析。

10.2.2.5 沥青混合料的碾压

初压:在沥青混合料摊铺 20m 后,检查沥青混合料温度,不低于 140℃压路机开始碾压,采用 2 台 CC622 钢轮压路机并排作业,靠外侧压路机从最外边碾压,采用去静回振(高频低幅)碾压 1 遍,速度控制在 2~3km/h,最后一轮必须跨缝碾压,内侧压路机起步必须跨缝碾压,去静回振(高频低幅)碾压 1 遍。去静回振碾压结束之后采用这两台钢轮压路机(低频高幅)强振 1 遍。所有碾压依次成阶梯状向前推进。初压阶段计双钢轮压路机静压 1 遍,强振 1 遍。

复压:在初压完成两个轮宽后,采用 2 台 XP261 胶轮压路机跟进并排碾压,由外侧依次往内侧顺序碾压,分幅碾压各 5 遍;之后采用 1 台 XP261 胶轮压路机全宽范围内碾压 1 遍;接着采用 1 台 XP301 胶轮压路机紧跟 XP261 胶轮压路机,在全宽范围内碾压 2 遍。复压阶段计胶轮压路机碾压 8 遍。

碾压时要重叠 1/3～1/4 轮宽，速度控制在 3～5km/h。两侧边缘碾压时必须设有专人指挥，防止压路机磕碰防撞护栏。

终压：采用 CC622 压路机消除轮迹，速度控制在 3～5km/h。每个压实段接头均采用锯齿状接头，每个压实段碾压起步阶段注意消除段间痕迹。碾压结束时沥青混合料表面温度不得低于 80℃。

严禁压路机在未完成压实的区域内停留。

10.3 伸缩缝

10.3.1 切缝及清理槽口

(1)根据施工图纸进行测量放样工作，确定切缝参考线，再行切割，以确保切缝尺寸准确、顺直，同时保证路面切缝整齐平顺、无缺损。

(2)槽口切割线以外的沥清混凝土及以下的水泥混凝土应密实，如发现有空洞或其他松散杂物，应重新放线切割加宽槽口。凿除预留槽内多余混凝土及表面松动物、浮浆等，并将混凝土表面凿毛清理。

(3)将预留槽口内预埋钢筋矫正，确保每根预留钢筋都能与伸缩装置牢靠焊接成整体，保证梁板端头与伸缩装置结合牢固。

10.3.2 定位安装

(1)严格按规定要求检查伸缩装置质量，若发现变形或两钢梁间距不一致时，及时进行修整。

(2)伸缩装置安装前，根据安装时的施工气温，确定伸缩装置缝宽的出厂定位值，若气温变化幅度大则及时调节安装间隙。

(3)伸缩装置要确保准确就位。伸缩装置就位后要求伸缩装置与桥面高差控制在 −1～0mm 之间，横向平整度(3m 直尺)不大于 3mm。边梁型钢下部不悬空，双缝或多缝伸缩装置支承横梁支点中心距梁端不小于 80mm。伸缩装置就位后须经监理工程师检查，验收合格方可进行伸缩装置锚固筋与梁板预埋钢筋的焊接施工。

10.3.3 焊接

当伸缩装置调整好后，在温度接近预定温度时对称施焊(图 10-6)。先点焊部分预埋筋和锚环钢筋，临时固定其位置。再用 3m 直尺检查其平整度，符合质量要求后，将锚环钢筋与预埋筋焊牢。若预埋筋与锚环间距过大，则每锚环用 2 根自制 U 形筋闭合搭焊，保证强度。焊接完毕后将伸缩装置解锁，再用 3m 直尺检查其平整度是否达到技术要求，若超过允许范围则必须进行调整。检查合格后布置焊接横筋和防裂网。

图 10-6　伸缩缝钢筋绑扎

10.3.4　立模和水泥混凝土浇筑、养生

浇筑填充混凝土前，根据伸缩装置的外形尺寸和预留槽缺口形状制作模板，严格密封模板与梁端混凝土间的缝隙，防止混凝土流失，造成伸缩缝混凝土不密实。此外，应防止两侧边梁梁端缝隙、位移箱和型钢间漏入混凝土或水泥浆。

伸缩缝混凝土严格按照批准的配合比拌和，钢纤维的掺量为 78kg/m^3。采用强制拌和机，使钢纤维在混凝土中均匀分布，浇筑混凝土时振捣密实，混凝土表面平整度 3m 直尺检查不大于 3mm，表面无裂纹、麻面、蜂窝等现象。伸缩缝混凝土浇筑及养护分别如图 10-7 和图 10-8 所示。

图 10-7　伸缩缝混凝土浇筑

图 10-8　伸缩缝混凝土养护

10.3.5　嵌装橡胶密封条

水泥混凝土强度达到 50%以上时，清除伸缩装置内的杂物，安装橡胶密封条，并保证型钢腔体与橡胶密封条贴紧，无凸起，无损坏。

第11章　新技术应用

11.1　透水模板布

11.1.1　水泥混凝土透水模板布的结构

水泥混凝土透水模板布是以改性高分子聚合纤维为主要原料加工而成，质地柔软、坚韧，分为表层、中间层和黏附层。

11.1.2　工作原理

浇筑水泥混凝土后，在混凝土内部压力、混凝土透水模板布的毛细作用及振捣器等共同作用下，混凝土中的气泡以及部分游离的水分由混凝土内部向表面迁移，通过混凝土透水模板布中间层排出，产生以下效果：

(1)可以有效减少构件表面混凝土的气泡，使混凝土更加致密。

(2)混凝土中的部分水分排出而水泥颗粒留在混凝土表面，可以使混凝土表面水胶比显著降低。

(3)在构件表面形成一层富含水化硅酸钙的致密硬化层，极大提高混凝土表面硬度、耐磨性、抗裂强度和抗冻性，使混凝土的渗透性、碳化深度和氯化物扩散系数也显著降低。

(4)减小了混凝土内部与外界交换物质的可能，从而提高构件的耐久性。

(5)混凝土透水模板布具有均匀分布的孔隙，水能通过渗透和毛细作用经透水模板布均匀排出，不形成聚集，这样有效减少砂斑、砂线等混凝土表面缺陷的产生。

(6)混凝土透水模板布的保水作用，为混凝土养生提供了一个良好的条件，减少了表面细微裂缝的产生。

11.1.3　模板布性能指标

透水模板布的性能指标见表11-1。

透水模板布性能指标　　表11-1

序　号	项　目	单　位	性能参数
1	平均孔径	μm	28
2	排水能力	L/m^2	≥3

续上表

序　号	项　目	单　位	性能参数
3	透气量	$m^3/(m^2 \cdot s)$	≤4
4	保水量	L/m^2	≥0.45
5	断裂伸长	%	10
6	相对密度		0.91
7	耐热点	℃	140
8	耐酸性		耐酸性良好
9	耐碱性		耐浓碱
10	耐磨性		优良

11.1.4　透水模板布施工

(1)模板表面清理→模板布剪裁→喷胶→粘贴模板布→保养。

(2)材料与设备(表11-2)。

材料与设备　　表11-2

序　号	材料或设备	型　号	单　位	数　量	备注(用途)
1	汽车起重机	QY-50	台	1	吊装模板
2	透水模板布	型号	m^2	若干	
3	气雾胶黏剂	固尔899	瓶	若干	粘贴模板布
4	铲		把	若干	清理模板上的胶水
5	钢尺	1m直尺	把	若干	模板布下料
6	裁剪刀		把	若干	模板布下料
7	扫把或抹布		把/块	若干	清扫模板
8	雨布		卷	若干	覆盖保养
9	塑料刮板或滚轴		个	若干	刮平或压平模板布

(3)模板布粘贴施工前,先将模板表面打磨除锈,将灰尘清洗干净,使模板保持表面干燥、清洁、无杂物,确保模板布喷胶后能与模板充分黏结。

(4)按照模板尺寸裁剪模板布,模板边缘预留5cm,粘贴在模板拼接肋上,并切割出螺栓孔,以加强模板布四周的黏结力。

(5)将喷胶均匀地喷在模板表面及四周,喷胶不宜过厚,避免胶水渗透模板布,影响模板布排水效果。模板拼装肋上喷胶量应适当加大,确保粘贴牢固。

(6)粘贴模板布时,模板布毡面与模板密贴,先固定好模板布位置,然后由中心向四周展开压实，确保模板布密贴在模板表面，如有皱褶，可将模板布掀起，重新粘贴。

(7) 同一块模板如需两块模板布搭接，应先将两块模板布重叠 5cm，再在重叠中间位置切开，去掉割下的部分。在搭接位置，喷胶用量应略为增加，以确保拼缝平整相接，且不漏浆。

(8) 模板布粘贴完毕，重新检查是否平整，是否存在皱褶和气泡，如存在上述问题，需及时处理。

11.1.5 混凝土强度对比

施工时分别通过回弹试验和混凝土试块抗压试验对使用模板布和未使用模板布的构件、试块进行了不同龄期 7d、28d 的强度对比试验(表 11-3～表 11-6)，结果反映出使用模板布有利于构件、试块早期强度较快提升。

7d 回弹仪数据(墩柱使用模板布，承台未使用模板布，单位：MPa)　　表 11-3

墩柱	39.2	40.4	38.6	40.4	40.5	43.3	39.4	40.4	平均值
	37.4	41.6	41.5	42.4	41.2	41.0	41.2	38.4	40.6
承台	24.2	26.5	27.4	27.8	26.5	26.4	24.2	26.0	平均值
	27.6	28.3	26.6	26.2	24.3	26.6	24.2	28.1	26.3

28d 回弹仪数据(墩柱使用模板布，承台未使用模板布，单位：MPa)　　表 11-4

墩柱	47.5	50.2	47.6	47.7	49.2	48.6	48.1	47.5	平均值
	49.2	46.2	48.4	50.3	47.2	48.5	47.6	47.2	48.2
承台	40.1	39.4	40.5	41.2	37.3	39.1	40.5	38.4	平均值
	40.3	36.4	37.2	37.2	39.0	39.2	41.4	38.0	39.1

7d 试块抗压强度数据记录(单位：MPa)　　表 11-5

同条件试块	1	2	3	平均值
1 组	24.62	21.58	22.23	22.81
2 组	22.98	21.56	21.13	21.89
模板布试块	1	2	3	平均值
1 组	29.3	30.6	29.39	29.76
2 组	28.77	28.02	30.77	29.19
标养试块	1	2	3	平均值
1 组	30.57	28.46	29.81	29.61
2 组	28.48	29.57	31	29.68

28d试块抗压强度数据记录(单位:MPa) 表11-6

同条件试块	1	2	3	平均值
1组	31.02	32.57	32.19	31.93
2组	30.68	32.15	31.1	31.31
模板布试块	1	2	3	平均值
1组	35.5	36.38	36.04	35.97
2组	35.26	34.46	35.77	35.16
标养试块	1	2	3	平均值
1组	36.21	34.53	34.59	35.11
2组	34.99	37.06	36.21	36.09

11.2 抛丸

11.2.1 抛丸工作原理

抛丸,是指通过机械的方法把钢丸以很高的速度(约70m/s)和一定的角度抛射到工作表面上,让钢丸高速冲击工作表面,将表面上的杂质、附着物以及其他需要清理的物质打击脱离的一种表面处理方法。打击过表面的钢丸在配套吸尘设备产生的负压和自身撞击的反弹作用下,与杂质一起回收到机器内部,并通过自身的分离系统将杂质和可以回收使用的钢丸自动分离存放。

11.2.2 施工准备

在混凝土桥面进行抛丸处理前,将作业区域内桥面上杂物清理干净,将凸起的混凝土包块予以凿除或打磨,保持桥面整体基本平顺,以保证抛丸的工作效率。

11.2.3 抛丸

(1)在抛丸机起步阶段,应先启动抛丸机的行驶开关,让抛丸机处于行驶状态,再打开抛丸阀门,以防止在起步位置打击过度形成凹坑。抛丸施工如图11-1所示。

(2)抛丸机清除桥面的轻质浮浆和松散的混凝土,可根据需要打磨的厚度和效果确定钢丸大小,使桥面清洁度及粗糙度达到标准。

(3)抛丸机沿着桥面纵向往复行进,由于吸尘机的功率恒定,单次行驶工作距离受限,也受吸尘管长度限制,因此吸尘管越长,吸尘机所要形成的真空压就要越高,一般纵向抛丸长度不宜超过35m。

图 11-1 抛丸施工

(4)抛丸机行驶速度与混凝土表面硬度、打磨厚度有直接关系,一般控制在 3～8m/min,抛丸过程中抛丸机要保持匀速行驶。

图 11-2 抛丸效果对比(左侧为抛丸后)

(5)一个工作段完成后,工作人员要及时回收散落的钢丸,回收的钢丸可重新放进料斗中重复使用。

(6)相邻两个抛丸工作面搭接 3～5cm,同时根据工程的具体特点和施工需要,合理调节设备,使搭接部分与整体抛丸处理后的效果保持一致,无明显接痕。保证抛丸处理后的表面平整度,以防出现高低差等缺陷。抛丸效果对比如图 11-2 所示。

11.3 负弯矩波纹管连接器

箱梁在倒运及施工接头时,裸露的负弯矩波纹管很容易齐根折断,直接影响负弯矩波纹管的连接质量,给后期负弯矩钢绞线的穿拉工作带来不便。

为了方便施工并提高波纹管的连接质量,经反复研究,设计了连接器(图 11-3)来解决波纹管连接问题,不仅方便了湿接头钢筋焊接,更提高了波纹管连接质量。

图 11-3 负弯矩波纹管连接器

11.4　水泥混凝土养护剂

混凝土脱模后，通过涂刷或喷雾的方式使养护剂在混凝土表面形成一层薄膜，尤其是混凝土构件底面及正常条件下洒水养生困难且不易覆盖养生的部位，可以有效地减少混凝土早龄期水分过快蒸发，影响混凝土早期强度增长。

施工时分别通过回弹试验和混凝土试块抗压试验对使用养护剂养生和洒水养生的试块进行了不同龄期7d、28d的强度对比试验（表11-7～表11-10），结果反映出使用养护液有利于试块表面强度提升，而抗压强度则没有明显提升。

7d回弹仪数据（单位：MPa）　　表11-7

养护液养生	57.2	51.3	56.4	56.4	56.5	56.7	54.6	51.2	平均值
	50.6	56.9	58.5	50.6	53.4	51.6	51.1	56.0	54.1
洒水养生	47.8	43.4	46.4	42.6	46.2	43.0	45.2	45.2	平均值
	44.2	47.6	47.4	46.7	48.7	44.0	44.6	44.5	45.5

28d回弹仪数据（单位：MPa）　　表11-8

养护液养生	64.6	65.5	62.6	67.4	68.4	60.6	60.5	62.4	平均值
	62.3	66.7	63.5	62.5	60.4	66.2	62.2	61.2	63.5
洒水养生	54.6	53.5	51.6	50.5	52.6	56.7	56.3	52.1	平均值
	51.4	56.7	52.5	58.8	54.4	53.6	53.4	54.1	53.9

7d试块抗压强度数据记录（单位：MPa）　　表11-9

养护液试块	1	2	3	平均值
1组	46.21	44.56	46.13	45.63
2组	45.82	46.45	44.90	45.72
同条件试块	1	2	3	平均值
1组	43.49	44.46	43.25	43.73
2组	43.75	45.08	44.74	44.52
标养试块	1	2	3	平均值
1组	44.59	46.51	46.00	45.70
2组	46.78	45.08	47.14	46.33

28d试块抗压强度数据记录（单位：MPa）　　表11-10

养护液试块	1	2	3	平均值
1组	59.46	60.02	57.86	59.11
2组	59.59	58.36	58.89	58.95

续上表

同条件试块	1	2	3	平均值
1组	58.45	57.13	56.25	57.51
2组	57.50	56.62	58.98	57.70
标养试块	1	2	3	平均值
1组	63.15	64.30	63.41	63.62
2组	59.17	61.07	60.72	60.32